Jens Felten
Patricia Felten

D1735467

Mathematik 9/10 berufsbezogen

Lehrplaninhalte und Berufsorientierung verbinden

Gedruckt auf umweltbewusst gefertigtem, chlorfrei gebleichtem und alterungsbeständigem Papier.

1. Auflage 2019
© 2019 Auer Verlag, Augsburg
AAP Lehrerfachverlage GmbH
Alle Rechte vorbehalten.

Covergestaltung: annette forsch konzeption und design, Berlin
Umschlagfoto: Icons: flaticon.com, Illustrationen: Annette Forsch
Illustrationen: Steffen Jähde, Hendrik Kranenberg, Thorsten Trantow
Satz: Typographie & Computer, Krefeld
Druck und Bindung: Korrekt Nyomdaipari Kft
ISBN 978-3-403-**08043**-5
www.auer-verlag.de

Inhaltsverzeichnis

Vorwort

Oftmals fällt es schwer, den Schülern[1] im Rahmen des Unterrichts die Relevanz der vermittelten Fachinhalte für ihr späteres Berufsleben aufzuzeigen. Der Fachlehrer sieht sich daher häufig mit der Frage „Was nützt mir das für später?" konfrontiert.

Das vorliegende Arbeitsheft bietet genau hierfür eine Lösung: Es nimmt berufspraktischen Bezug auf die Lehrplaninhalte bzw. die Kerncurricula, sodass die Berufsvorbereitung ganz „nebenbei" in den Fachunterricht integriert werden kann, ohne zusätzlichen Vorbereitungsaufwand zu erzeugen. So wird es den Schülern ermöglicht, die Wichtigkeit der behandelten Themen im Hinblick auf ihre Berufswahl zu erkennen.

Da die Themen mit passenden Berufsbildern verknüpft werden, können sich die Schüler ihrer Kompetenzen bewusst werden und diese hinsichtlich der Berufsorientierung nutzen. In erster Linie sollen den Schülern eigene Neigungen, Interessen und Fähigkeiten deutlich werden. Darüber hinaus lernen sie verschiedene Berufsmöglichkeiten kennen und können sich so konkretere Vorstellungen von ihren späteren Möglichkeiten verschaffen. Hinblickend auf Berufspraktika können sie dadurch eine gezieltere Auswahl treffen.

Bei allen genannten Berufen handelt es sich um tatsächliche Ausbildungsberufe, die nach dem Haupt- oder dem Realschulabschluss begonnen werden können.

Das Arbeitsheft ist in fünf Hauptthemen und 47 Unterthemen (zu insgesamt 28 verschiedenen Berufen) gegliedert, die sich am Lehrplan orientieren. Jedem Unterthema ist ein spezifischer Beruf zugeordnet. Dabei werden nicht nur Berufe hervorgehoben, deren Fachbezug offensichtlich ist, sondern auch solche, bei denen dieser auf den ersten Blick nicht erkennbar erscheint.

Den Schülern wird zunächst der Beruf in seinen Aufgabenfeldern vorgestellt, sodass sie einen Einblick in die Tätigkeit erhalten. Daraufhin folgen Aufgaben, welche sich auf die beschriebenen Berufe beziehen. So können die Arbeitsblätter gezielt im Unterricht eingesetzt werden, bringen zudem die unterrichtlichen Inhalte voran und motivieren durch ihre Anwendungsbezüge. Durch die realitätsnahen Situationen wird stets eine Vielzahl von Kompetenzen abgedeckt und auf verschiedenen Anforderungsniveaus erweitert.

---

[1] Aufgrund der besseren Lesbarkeit ist in diesem Buch mit Schüler auch immer Schülerin gemeint, ebenso verhält es sich mit Lehrer und Lehrerin etc.

1.1 Grund-, Seiten- und Aufriss (Bauzeichner/-in)

Was machen eigentlich Bauzeichner/-innen?

Bauzeichner/-innen zeichnen Pläne von Neu- oder Umbauten für Gebäude, Brücken, Straßen etc. Die notwendigen Unterlagen erhalten sie beispielsweise von dem zuständigen Architekten. Des Weiteren fertigen sie Grundrisse, Detailzeichnungen oder Baupläne nach den technischen Vorschriften an. Die Zeichnungen von Bauzeichnern/Bauzeichnerinnen müssen alle Details des Objektes, welches sie zeichnen, erkennen lassen. Zudem berechnen sie mithilfe einzelner Winkelgrößen die Statik von Gebäuden.

1. Eine städtische Kirche soll ausgebessert werden. Die Bauzeichnerin Martina Maier erhält den Auftrag, die verschiedenen Ansichten der Kirche zu zeichnen, damit man sich einen geeigneten Überblick über die Fassadenarbeiten verschaffen und gut mit den Handwerkern kommunizieren kann.
Zeichne von der Kirche die Ansicht von oben (Grundriss), die Ansicht von der Seite (Seitenriss) und die Ansicht von vorne (Aufriss) in dein Heft. Miss die benötigten Längen ab. Beachte, dass die Länge nach hinten mit dem Faktor k = 0,8 verzerrt ist.

2. Gegeben sind der Grund-, der Seiten- und der Aufriss eines Werkstückes, welches zum Bau einer Brücke mehrfach hergestellt werden soll. Maximilian erhält den Auftrag, auf Grundlage der Skizze rechts ein Schrägbild des Werkstückes zu erstellen. Zeichne es in dein Heft.

   Tipp: x, y und z bezeichnen die drei Raumachsen.

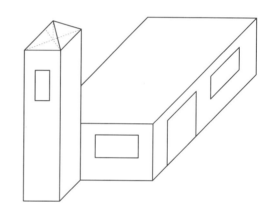

3. Überlege dir ein eigenes Gebäude, welches du als Bauzeichner gerne zeichnen würdest. Zeichne die drei Ansichten des Gebäudes (Grund-, Seiten- und Aufriss), um deine Vorstellungen mit anderen teilen zu können, in dein Heft.

Figuren und Körper

1.2 Schrägbilder (Bauzeichner/-in)

Was machen eigentlich Bauzeichner/-innen?

Bauzeichner/-innen zeichnen Pläne von Neu- oder Umbauten für Gebäude, Brücken, Straßen etc. Die notwendigen Unterlagen erhalten sie beispielsweise von dem zuständigen Architekten. Des Weiteren fertigen sie Grundrisse, Detailzeichnungen oder Baupläne nach den technischen Vorschriften an. Die Zeichnungen von Bauzeichnern/Bauzeichnerinnen müssen alle Details des Objektes, welches sie zeichnen, erkennen lassen. Zudem berechnen sie mithilfe einzelner Winkelgrößen die Statik von Gebäuden.

1. Felix soll für einen Kunden den Bau einer Grillhütte in Form einer Pyramide mit einer rechteckigen Grundfläche (a = 2 m, b = 4 m) planen.

a) Zeichne das Schrägbild der Grillhütte mit einer Höhe von 3 m in dein Heft. Verwende den Maßstab 1:100, einen Verzerrungswinkel von 45° und einen Verzerrungsfaktor von 0,5.

b) Zeichne die Grillhütte nun mit den gleichen Maßen und einem Verzerrungswinkel von 20° in dein Heft.

2. Lara soll einen zylinderförmigen Ausstellungsraum für ein Museum planen. Der Durchmesser der Grundfläche beträgt 8 m und die Höhe 4 m.

a) Zeichne ein Schrägbild des Ausstellungsraums in dein Heft. Verwende den Maßstab 1:200, einen Verzerrungswinkel von 45° und einen Verzerrungsfaktor von 0,5.

b) Zeichne ein weiteres Schrägbild des Ausstellungsraums in dein Heft. Nutze diesmal einen anderen Maßstab, einen anderen Verzerrungswinkel und einen anderen Verzerrungsfaktor als in Aufgabe 2a). Gib an, welchen Maßstab, welchen Verzerrungsfaktor und welchen Verzerrungswinkel du verwendet hast.

3. Max soll für den städtischen Kindergarten einen 9 m langen Krabbeltunnel (= liegender Zylinder) mit einem Durchmesser von 1,2 m planen und muss dafür ein Schrägbild anfertigen. Zeichne den Krabbeltunnel in dein Heft. Verwende den Maßstab 1:50, einen Verzerrungswinkel von 30° und einen Verzerrungsfaktor von $\frac{1}{3}$.

Skizze:

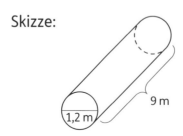

J. Felten/P. Felten: Mathematik berufsbezogen 9/10

Figuren und Körper

1.3 Satz des Thales (Zimmerer/Zimmerin)

Was machen eigentlich Zimmerleute?

Zimmerleute bauen, erneuern, restaurieren oder modernisieren Holzgebäude und Fachwerkhäuser. Sie kümmern sich um alle Arten von Holzarbeiten. So bringen sie Türen, Fenster und Treppen an und stellen diese unter Umständen auch her. Ebenso kümmern sie sich um den Dachstuhl, Spielplatzgeräte und Fenster mit Rundbögen. Ihre Arbeiten planen sie ggf. mit Bauzeichnungen.

1. Die Zimmerin Julia baut für eine Fensterkonstruktion mit einem kreisförmigen Rundbogen zunächst eine Holzkonstruktion als Stütze wie in der Abbildung.
   Welchen Winkel muss sie zwischen den beiden schrägen Holzbalken wählen? Entscheide und begründe deine Antwort in deinem Heft.

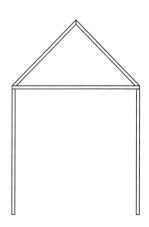

2. Eine Kapelle soll ein Dach in Form eines halben Zylinders bekommen. Das Dach wird an verschiedenen Stellen durch je zwei Balken gestützt (siehe Querschnitt). Um eine runde Form des Daches zu erhalten, stützen es die Balken im rechten Winkel. Tobias muss dem Gemeinderat erklären, warum die Stützbalken rechtwinklig aufeinander stehen müssen. Erkläre dies in deinem Heft.

3. Tobias bereitet sich auf die nächste Sitzung vor: Durch die Stützbalkenkonstruktion in Aufgabe 2 entsteht ein rechtwinkliges Dreieck. Die gleichlangen Stützbalken haben die Länge a. Die Breite des Daches wird mit b bezeichnet. Aufgrund des rechten Winkels gilt die Formel $2a^2 = b^2$. (Die Formel gilt nach dem Satz des Pythagoras.)

   a) Bestimme in deinem Heft die Länge der Stützbalken, wenn das Dach eine Breite von 4 m haben soll.

   b) Bestimme in deinem Heft die Breite des Daches, wenn die Stützbalken je 2 m lang sind.

4. Tina soll den Grundriss eines Holzhauses zeichnen. Sie verwendet dabei den Satz des Thales, um einen halbkreisförmigen Bereich zu zeichnen. Zeichne in dein Heft. Berechne die Quadratmeterzahlen der Räume und für den Materialbedarf der Böden die Gesamtfläche des Holzhauses.

1.4 Satz des Pythagoras in der Ebene (Gärtner/-in – Garten- und Landschaftsbau)

Was machen eigentlich Gärtner/-innen für Garten- und Landschaftsbau?

Gärtner/-innen bepflanzen und pflegen Grünanlagen in Gärten, Parks, Spielplätzen oder Sportplätzen. Sie gestalten diese Flächen, legen sie an und planen ganze Parkanlagen. Gärtner/-innen müssen solche Vorhaben am Schreibtisch genau vorausplanen, aber auch auf der Baustelle spontane Entscheidungen treffen.

1. Der Gärtner Benjamin soll in vier Ecken eines Villengartens jeweils ein dreieckiges Beet mit einem rechten Winkel anlegen und diese Beete mit Kantensteinen an jeweils allen drei Seiten abgrenzen. In einer Skizze hat die Hausbesitzerin Längenvorgaben vorgegeben. Berechne

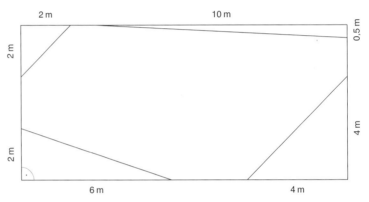

in deinem Heft die Längen der Kantensteine, die die rechteckigen Beete abtrennen. <u>Tipp:</u> Bezeichne die gesuchten Längen mit a, b, c und d.

2. In einem quadratischen Park soll die gesamte Diagonale mit Nelken bepflanzt werden. Die Parkgrenzen haben eine Länge von 800 m. Die Blumen werden in einem Abstand von 20 cm eingepflanzt. Janina soll die Anzahl der Nelkenpflanzen berechnen, welche man zum Bepflanzen der gesamten Diagonale benötigt. Berechne in deinem Heft.

3. Professionelle Gärtnerinnen verwenden die „3-4-5-Regel", um schnell und effizient rechtwinklige Dreiecke zu konstruieren. Laut dieser Regel ist ein Dreieck, welches aus drei Hölzern mit den Längen 3 dm, 4 dm und 5 dm besteht, immer rechtwinklig.

a) Erkläre in deinem Heft, warum die „3-4-5-Regel" funktioniert.
b) Die „3-4-5-Regel" funktioniert auch mit anderen Maßeinheiten. Sie kann ebenso für Meter, Kilometer, Zentimeter oder Millimeter eingesetzt werden. Warum ist das so? Begründe in deinem Heft.

4. Die „3-4-5-Regel" kann man allgemein bei Dreiecken mit den Seitenlängen 3 · a, 4 · a und 5 · a für jede positive Zahl a anwenden. Dreiecke, die mit der „3-4-5-Regel" konstruiert werden, sind immer rechtwinklig. Fabian lernt das in der Berufsschule.

a) Gib in deinem Heft die Seitenlängen von fünf verschiedenen (also nicht kongruenten) rechtwinkligen Dreiecken an.
b) Zeige in deinem Heft allgemein, dass die „3-4-5-Regel" immer funktioniert.

J. Felten/P. Felten: Mathematik berufsbezogen 9/10
© Auer Verlag

1.5 Satz des Pythagoras im Raum (Zimmerer/Zimmerin)

Was machen eigentlich Zimmerleute?

Zimmerleute bauen, erneuern, restaurieren oder modernisieren Holzgebäude und Fachwerkhäuser. Sie kümmern sich um alle Arten von Holzarbeiten. So bringen sie Türen, Fenster und Treppen an und stellen diese unter Umständen auch her. Ebenso kümmern sie sich um den Dachstuhl, Spielplatzgeräte und Fenster mit Rundbögen. Ihre Arbeiten planen sie ggf. mit Bauzeichnungen.

1. Für einen Spielplatz wird ein neuer Balancierbalken benötigt. Er soll zwei senkrechte Holzstützen miteinander verbinden, die auf einem ebenen Untergrund stehen. Eine der Holzstützen ist 0,5 m hoch, die andere 1,2 m. Die Stützen stehen 6 m voneinander entfernt. Die Auszubildende Tina hilft bei den Vorbereitungen.

a) Fertige in deinem Heft eine maßstabsgetreue Zeichnung der Balkenkonstruktion an. Gib den Maßstab an, den du verwendet hast.

b) Berechne in deinem Heft die Länge, die der Balancierbalken mindestens haben muss, um die Stützbalken miteinander verbinden zu können.

2. Eine Kapelle soll ein Dach in Form eines halben Zylinders bekommen. Das Dach wird in der Mitte durch je drei Balken gestützt, von denen sich die äußeren rechtwinklig schneiden und der innere in der Mitte liegt (siehe Querschnitt). Ein weiterer Balken führt vom hinteren, unteren Ende des Dachraums zum oberen Ende der drei mittigen Stützbalken (siehe Seitenansicht). Das Dach soll eine Länge von 8 m und eine Breite von 3 m bekommen. Andreas soll die Länge der vier Stützbalken berechnen. Berechne in deinem Heft.

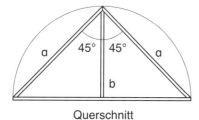

Querschnitt

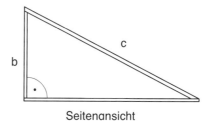

Seitenansicht

3. Unter einen quaderförmigen Unterbau einer Plattform auf dem Spielplatz muss diagonal ein Holzbalken gelegt werden. Dieser soll später als Treppe dienen, um die 3 m breite, 4 m lange und 2 m hohe Plattform zu erreichen. Der Zimmerer Markus bereitet den nächsten Arbeitsschritt vor. Berechne die Länge des Holzbalkens in deinem Heft.

4. Eine Stadt plant einen neuen Spielplatz auf einem ca. 800 m² großen Platz. Der Zimmerer Jürgen arbeitet schon länger in einem Betrieb für Spielgeräteherstellung und wird bei der Planung des Platzes zur Beratung hinzugezogen. Zeichne für ihn einen ersten Entwurf des Spielplatzes. Teile dafür den Platz so ein, dass die ausgesuchten Spielgeräte genügend Platz auf dem Gelände haben. Gib an, in welchen deiner Spielgeräte Dreiecke vorkommen.

Figuren und Körper

1.6 Höhensatz und Kathetensatz (Zimmerer/Zimmerin)

Was machen eigentlich Zimmerleute?

Zimmerleute bauen, erneuern, restaurieren oder modernisieren Holzgebäude und Fachwerkhäuser. Sie kümmern sich um alle Arten von Holzarbeiten. So bringen sie Türen, Fenster und Treppen an und stellen diese unter Umständen auch her. Ebenso kümmern sie sich um den Dachstuhl, Spielplatzgeräte und Fenster mit Rundbögen. Ihre Arbeiten planen sie ggf. mit Bauzeichnungen.

1. Firma Schulze wurde beauftragt und muss nun jeweils die Länge x in den skizzierten Holzkonstruktionen berechnen. Berechne in deinem Heft.

Tipp: Nutze einmal den Satz des Pythagoras, einmal den Kathetensatz und einmal den Höhensatz.

a)

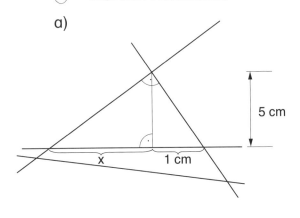

b)

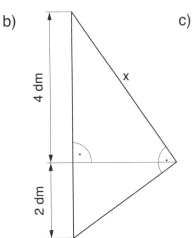

c)

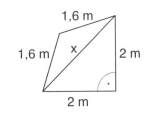

2. Von einem Fachwerkhaus müssen zwei Balken erneuert werden. Zimmerer Milo hat eine Skizze des Abschnittes erstellt und einige Längen gemessen. Nun müssen noch die Balkenlängen der zu erneuernden Balken a und b berechnet werden. Berechne a, b und c in deinem Heft.

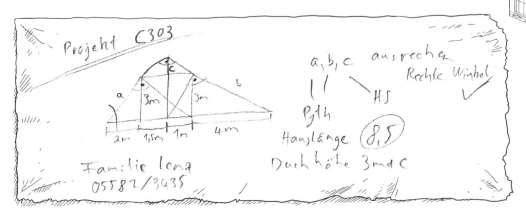

Figuren und Körper

J. Felten/P. Felten: Mathematik berufsbezogen 9/10
© Auer Verlag

1.7 Kreise (Erzieher/-in)

Was machen eigentlich Erzieher/-innen?

Erzieher/-innen sind Fachleute für die Erziehung von Kindern. Sie verbringen Zeit mit den Kindern, lernen sie kennen und können anhand wissenschaftlicher Materialien geeignete Förderpläne erstellen. Hierfür verwenden sie geeignete Spiele oder Aufgaben. Je nach Altersstufe und Neigung spielen, malen, bauen oder basteln sie mit den Jungen und Mädchen. Dabei kümmern sie sich auch um die Organisation, z. B. die Beschaffung des Bastelmaterials.

1. Mia möchte für den Sankt-Martins-Umzug Laternen für 95 Kinder basteln. Dazu benötigt sie den genauen Flächeninhalt der Kreise für die Laternen, die sie aus Tonpapier herstellt. Arbeite in deinem Heft.

a) Berechne den Flächeninhalt aller Kreise in Quadratzentimetern, wenn der Radius der Laternen 25 cm beträgt.

b) Berechne, wie viele Tonpapierbögen sie benötigt, wenn ein rechteckiger Bogen die Maße 1,00 m x 0,50 m hat.

c) Ein Radius von 25 cm erscheint Mia bei der Rechnung dann doch etwas groß. Berechne, wie viele Bögen sie benötigt, wenn der Radius der Laternen nur 8 cm beträgt.

2. Louis möchte mit den Kindern aus seiner Kindergartengruppe den Rand eines Kreises mit Wollfäden bekleben. Notiere in deinem Heft.

a) Berechne: Wie viele Zentimeter Wolle braucht er für einen Kreis mit einem Durchmesser von 28 cm?

b) Berechne: Wie viele Meter Wolle benötigt Louis, wenn er 135 Kreise mit einem Durchmesser von 22 cm bekleben will?

c) Berechne: Seine Kollegin Lena hatte mit 15 m Wolle 63 Kreise beklebt. Wie groß war der Radius dieser Kreise?

3. Charlotte hat ein Rechteck mit den Maßen (35 cm x 75 cm) ausgeschnitten. Für die Karte zu einer Geburtstagsfeier möchte sie jedoch lieber einen Kreis, statt eines Rechtecks verwenden. Für den Kreis möchte Charlotte denselben Flächeninhalt wie den für das Rechteck ausschneiden. Berechne den Radius des gesuchten Kreises in deinem Heft.

Herzlichen Glückwunsch zum Geburtstag

J. Felten/P. Felten: Mathematik berufsbezogen 9/10
© Auer Verlag

1.8 Kreisausschnitte (Stanz- und Umformmechaniker/-in)

Was machen eigentlich Stanz- und Umform-mechaniker/-innen?

Stanz- und Umformmechaniker/-innen produzieren Bauteile aus Draht und Blech. Die Materialien werden gebogen und gestanzt, um die geforderten Bauteile zu erhalten. Dabei müssen sie sich genauestens an die Vorgaben halten. Sie arbeiten mit Maschinen, die sie entsprechend programmieren müssen. Anschließend prüfen sie die Ware, protokollieren die Abläufe und berechnen den Materialbedarf.

1. Als Stanz- und Umformmechaniker muss Oskar oft Kreisausschnitte berechnen. Deshalb wiederholt er mit seinem Meister noch einmal verschiedene Aufgaben zu diesem Thema.

a) Eine Stanzplatte hat die Maße 45,0 cm x 35,5 cm. Hieraus soll ein Kreis mit dem Radius von 15,5 cm ausgestanzt werden. Berechne den verbleibenden Rest der Stanzplatte in cm² in deinem Heft.

b) Berechne in deinem Heft den verbleibenden Rest der Stanzplatte in cm², wenn nur $\frac{1}{2}$, $\frac{1}{4}$, $\frac{1}{8}$ und $\frac{3}{16}$ des obengenannten Kreises ausgestanzt werden sollen.

2. Max hat mithilfe einer CNC-Maschine folgende Kreisausschnitte ausgestanzt:

Radius	2 cm	2 cm	2 cm	5 cm	5 cm	10 cm	10 cm	20 cm
Winkel	360°	180°	90°	90°	45°	36°	3,6°	270°
Anzahl	10	10	15	8	6	5	2	2

Berechne in deinem Heft die Gesamtfläche aller Kreisausschnitte, die Max ausgestanzt hat.

3. Maya ist bereits im zweiten Lehrjahr zur Stanz- und Umformmechanikerin. Heute muss sie sich um die Materialbestellung der Stanzplatten kümmern.

a) Berechne in deinem Heft die Größe der benötigten Kreisausschnitte in cm², wenn Maya folgende Kreisausschnitte ausstanzen muss:

① r = 15,25 cm, α = 125°

② r = 10,36 dm, α = 200°

③ r = 20,68 mm; α = 75°

b) Welche Größe sollte deiner Meinung nach die gesamte Stanzplatte haben, wenn alle drei Teile aus einem Blech ausgestanzt werden sollen? Berechne und begründe deine Meinung in deinem Heft.

4. Oskar muss eine CNC-Maschine so programmieren, dass sie Viertelkreise mit einem Flächeninhalt von 30 cm² stanzt. Bestimme den Radius und den Mittelpunktswinkel, den Oskar in die CNC-Maschine eingeben muss, in deinem Heft.

J. Felten/P. Felten: Mathematik berufsbezogen 9/10
© Auer Verlag

Figuren und Körper

1.9 Flächeninhalt ebener Figuren (Fliesen-, Platten- und Mosaikleger/-in)

Was machen eigentlich Fliesen-, Platten- und Mosaikleger/-innen?

Fliesen-, Platten- und Mosaikleger/-innen bringen Fliesen, Platten und Mosaike an Wänden, Böden und Decken an. Sie beraten ihre Kunden zudem bei der Wahl eines geeigneten Materials und zu gestalterischen Möglichkeiten. Für ihre Arbeiten müssen sie den Materialbedarf stets im Voraus berechnen, wofür sie Baupläne lesen und die benötigten Materialien bestimmen.

1. Mira macht eine Ausbildung zur Fliesen-, Platten- und Mosaiklegerin. Ihr Meister Herr Lenz hat ihr den Auftrag gegeben, den Flächeninhalt folgender Räume in m² zu ermitteln. Berechne die Flächeninhalte der einzelnen Räume in deinem Heft.

① Das Wohnzimmer von Familie Gaul hat folgende Maße: Länge = 5,7 m, Breite = 4,5 m

② Das Kinderzimmer von Frau Tons Sohn hat folgende Maße: Länge = 324 cm, Breite = 394 cm

③ Die Garage von Herrn Klein weist folgende Maße auf: Länge = 7,85 m, Breite = 50 dm

④ Einer der Flure von Herrn Bubels Villa ist rund: Durchmesser = 3,6 m

⑤ Frau Schmidt hat einen dreieckigen Abstellraum mit den Wandlängen a = 3 m und b = 4 m. Zwischen a und b ist ein rechter Winkel.

2. Der Fliesen, Platten- und Mosaikleger Amir soll den Bodenbelag in der Wohnung von Familie Schmidt erneuern.

a) Berechne in deinem Heft die Grundflächen der sieben einzelnen Räume in m².

b) Familie Schmidt möchte für jeden Raum einen anderen Bodenbelag haben. Berechne in deinem Heft die Kosten für den Bodenbelag, wenn der Boden jeweils folgende Kosten verursacht:

Flur 8,45 €/m²	Wohnzimmer 14,95 €/m²	Abstellraum 8,80 €/m²
Bad 10,60 €/m²	Schlafzimmer 15,85 €/m²	Hauswirtschaftsraum
Küche 11,75 €/m²		(HWR) 12,90 €/m²

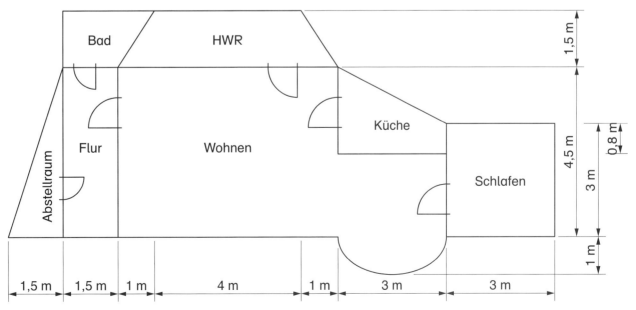

1.10 Oberflächeninhalt von Zylindern (Rohrleitungsbauer/-in)

Was machen eigentlich Rohrleitungsbauer/-innen?

Rohrleitungsbauer/-innen sind für die Montage von Druckleitungen zuständig. Sie verlegen, montieren und warten diese. So sichern sie den Transport von Wasser, Gas, Öl und Fernwärme. Sie kennen sich daher mit den Materialen und den benötigten Dicken der Rohre aus.

1. Mohamad wiederholt in der Berufsschule das Berechnen des Oberflächeninhaltes für geschlossene Zylinder.

a) Berechne in deinem Heft den Oberflächeninhalt eines Zylinders, wenn r = 4,5 cm und h = 6 cm betragen.

b) Stelle in deinem Heft eine Gleichung auf, mit der man die Höhe h eines Zylinders berechnen kann.

2. Nur die Außenhülle eines Rohres wird vom Erdreich „angegriffen". Pina soll diesen Oberflächeninhalt des folgenden Rohres berechnen. Berechne den Oberflächeninhalt für einen Außendurchmesser von 30 mm und eine Länge von 35 cm in deinem Heft.

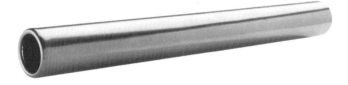

3. Tom soll den Materialbedarf in mm² für die folgenden dünnwandigen Rohre berechnen:

① h = 4 cm; r = 3 cm

② r = 9 dm; h = 100 cm

③ h = 0,35 m; r = 19,5 dm

a) Hilf Tom und berechne den Materialbedarf für die drei Rohre in deinem Heft.

b) Wie hoch sind jeweils die Materialkosten für die oben genannten Rohre, wenn bei Toms Großhändler 1 mm² = 0,0005 Euro kostet? Arbeite in deinem Heft.

c) Für einen weiteren Auftrag muss Tom ein beliebiges dünnwandiges Rohr anbieten. Dafür möchte er jedoch nur 938 Euro ausgeben. Gib in deinem Heft mögliche Werte für die Höhe und den Radius an.

4. Die Öffnung eines Rohres gibt Pina Auskunft darüber, wie schnell eine Flüssigkeit durch das Rohr fliesen kann. Hilf Pina und berechne den Innenradius auf zwei Kommastellen, den ein Rohr mindestens haben muss, damit die Grundfläche mindestens 1 dm² beträgt. Arbeite in deinem Heft.

J. Felten/P. Felten: Mathematik berufsbezogen 9/10
© Auer Verlag

1.11 Rauminhalt von Zylindern (Rohrleitungsbauer/-in)

Was machen eigentlich Rohrleitungsbauer/-innen?

Rohrleitungsbauer/-innen sind für die Montage von Druckleitungen zuständig. Sie verlegen, montieren und warten diese. So sichern sie den Transport von Wasser, Gas, Öl und Fernwärme. Sie kennen sich daher mit den Materialen und den benötigten Dicken der Rohre aus.

1. Ina soll in der Berufsschule das Volumen verschiedener Rohre berechnen.

a) Berechne in deinem Heft das Volumen folgender Rohre und zeichne jeweils eine Skizze:
   ① Das Kupferrohr hat einen Radius von 6 cm und eine Länge von 7 cm.
   ② Der Durchmesser eines Plastikrohres beträgt 13 dm, es ist 355 dm lang.
   ③ Das Pipelinerohr hat eine Gesamtlänge von 156 km und einen Radius von 23 cm.

b) Berechne in deinem Heft das Volumen des rechts abgebildeten Rohres in m³.

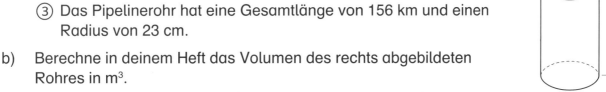

r = 2,5 cm

h = 15 cm

2. Leo soll in seinem Betrieb ein Rohr herstellen, welches die Füllmenge von 3 Litern aufweist. Notiere in deinem Heft.

a) Berechne: Welcher Innenradius und welche Länge wären möglich, um die angegebene Füllmenge zu erreichen?

b) Berechne: Welche Länge müsste das Rohr haben, wenn der Innenradius 2,5 m sein soll?

c) Berechne: Welcher Innenradius ist notwendig, wenn die Länge $\frac{1}{2}$ m betragen muss?

3. Greta soll für einen Heizungsbauer Rohre anfertigen. Dabei muss sie darauf achten, dass die Rohre die richtige Größe haben. Berechne und notiere in deinem Heft.

a) Der Heizungsbauer Loro benötigt ein 8,57 m langes Rohr. Berechne, welchen Innenradius das Rohr haben muss, um ein Volumen von 625 m³ zu haben.

b) Greta soll die Rohrstärke eines Rohres mit folgenden Maßen berechnen:
   Außenradius = 2 m,
   Länge = 3 m und
   Volumen = 35 m³.
   Berechne, wie dick das Material des Rohres ist.

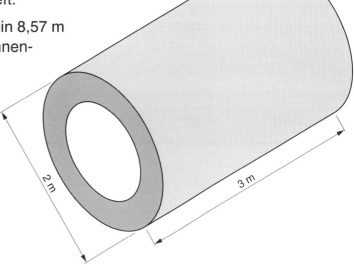

2 m

3 m

J. Felten/P. Felten: Mathematik berufsbezogen 9/10
© Auer Verlag

Figuren und Körper

1.12 Pyramiden (Tourismuskaufmann/-frau für Privat- und Geschäftsreisen)

Was machen eigentlich Tourismuskaufleute für Privat- und Geschäftsreisen?

Tourismuskaufleute arbeiten in Reisebüros oder im Geschäftsreiseservice. Sie planen individuelle Reisen je nach Bedarf ihrer Kunden, organisieren die An- und Abreise, kalkulieren die Preise und schreiben Rechnungen. Außerdem erstellen Tourismuskaufleute pauschale Angebote, stellen diese angemessen dar und werben so neue Kunden an.

1. Jan arbeitet in einem Reisebüro und möchte das Schaufenster selbst umgestalten. Dafür möchte er zwei Pyramiden mit Goldfolie bekleben (mit Grundfläche). Beide Pyramiden besitzen die Grundfläche eines gleichseitigen Dreiecks, s. rechtes Bild. Die Maße betragen:

   ① $h_a = 6{,}5$ dm, $a = 3{,}5$ dm;

   ② $h_a = 95$ cm, $a = 52{,}8$ cm.

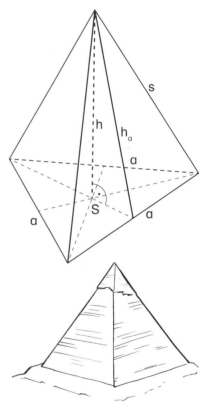

a) Berechne in deinem Heft den Bedarf an Goldfolie in m^2, die Jan für das Bekleben der Pyramiden benötigt.

b) Ermittle in deinem Heft die Materialkosten, wenn 1 dm^2 Goldfolie 2,56 Euro kostet.

c) Jan überlegt, wie viel Folie er wohl für das Bekleben der Cheops-Pyramide (mit Grundfläche) benötigen würde. Hilf ihm. Die Cheops-Pyramide hat eine quadratische Grundfläche mit der Seitenlänge $a = 230{,}33$ m. Ihre ursprüngliche Höhe betrug $h = 146{,}59$ m. Arbeite in deinem Heft.

2. Im Zuge von Jans Schaufensterdekoration möchte seine Kollegin Emma gerne ein Gewinnspiel organisieren. Dafür füllt sie die beiden Pyramiden mit kleinen Styroporkügelchen®, die ein Volumen von 4 cm^3 haben. Die Kunden des Reisebüros müssen nun schätzen, wie viele der Kügelchen in die echte Cheops-Pyramide passen würden. Finde dafür eine passende Antwort und begründe diese in deinem Heft.

J. Felten/P. Felten: Mathematik berufsbezogen 9/10
© Auer Verlag

1.13 Kugeln (Goldschmied/-in – Schmuck)

Was machen eigentlich Goldschmiede/Gold-schmiedinnen der Fachrichtung Schmuck?

Goldschmiede/Goldschmiedinnen fertigen, reparieren und ändern Schmuck aus Gold und anderen Edelmetallen. Sie arbeiten oft nach Vorlagen, bearbeiten aber auch individuelle Kundenwünsche. Für die Wertbestimmung der hergestellten Ware ist die verwendete Menge Gold wichtig.

1. Juan wiederholt in der Berufsschule die Volumenberechnung von Kugeln.

a) Berechne in deinem Heft das Volumen der Kugeln mit r = 3 cm, r = 15 dm und r = 16 mm.

b) Gib in deinem Heft das Gesamtvolumen der Kugeln in mm³ an.

2. Paula möchte eine neue Kette herstellen. Dafür will sie ihre drei Goldkugeln einschmelzen.

a) Berechne in deinem Heft das Gesamtvolumen der drei Kugeln, wenn diese Radien von 2 cm, 10 mm und 17 mm haben.

b) 1 cm³ entspricht 19,3 Gramm Gold. Berechne in deinem Heft, wie viel Gramm Gold Paula durch das Einschmelzen der drei Kugeln wieder für neue Kreationen zur Verfügung hat.

3. Finn soll für eine Kundin ein Armband anfertigen. Das Armband soll anhand der rechts abgebildeten Skizze angefertigt werden. Die hellgrauen Kugeln sollen aus Silber und die dunkelgrauen Kugeln aus Gold gefertigt werden. Die kleinen Kugeln haben einen Radius von 3 mm und die großen Kugeln einen Radius von 5 mm.

a) Berechne in deinem Heft das Volumen der Gold- und Silberkugeln.

b) Berechne in deinem Heft den Verkaufspreis des Armbandes, wenn Finn für 1 cm³ Silber 20 Euro und für 1 cm³ Gold 50 Euro verdienen möchte. Zusätzlich kosten der Verschluss und weitere Kleinteile 55 Euro.

4. Paula möchte einige Kugeln vergolden. Für die Kalkulation des Materialbedarfs benötigt sie die Oberflächeninhalte. Arbeite in deinem Heft.

a) Berechne den Oberflächeninhalt einer Kugel mit einem Durchmesser von d = 10 cm.

b) Berechne den gesamten Oberflächeninhalt von acht Kugeln mit einem Radius von jeweils 1 mm.

1.14 Zentrische Streckung (Medienassistent/-in)

Was machen eigentlich Medienassistenten/Medienassistentinnen?

Medienassistenten/Medienassistentinnen entwerfen Broschüren, Internetseiten, Videospots und andere multimediale Produkte. Sie achten auf die Einhaltung von Bild- und Tonrechten und beschaffen die benötigten Materialien. Beim Entwurf von Internetseiten achten sie darauf, dass diese bedienerfreundlich sind und bei den Nutzern einen guten Eindruck hinterlassen.

1. Nehir arbeitet als Medienassistentin und verwendet an ihrem Arbeitsplatz drei Monitore mit den Größen 19 Zoll, 24 Zoll und 28 Zoll. Die Abmessungen der Monitore betragen etwa 39 cm x 29 cm, 49 cm x 37 cm und 62 cm x 35 cm. Prüfe in deinem Heft, ob Nehirs Monitorgrößen ähnlich zueinander sind.

2. Nehir erstellt und pflegt Internetseiten für verschiedene Kunden. Manchmal soll sie ein möglichst großes Bild als Titelseite einpflegen. Je nach Monitorgröße wird dabei die Bildgröße durch eine zentrische Streckung angepasst. Arbeite in deinem Heft.

   a) Erläutere, welche Probleme bei der Anpassung der Bildgröße entstehen können.
   b) Nehir gibt einem Bild die Größe 39 cm x 29 cm, sodass es über ihren gesamten kleinen Monitor verläuft. Mit welchem Streckfaktor kann sie es strecken, damit es noch im Ganzen auf ihrem Monitor mit den Maßen 62 cm x 35 cm zu sehen ist?

3. Mit einem Bildbearbeitungsprogramm kann Nehir Bilder vergrößern, indem sie an einer Ecke mit der Maus „zieht". Ein Bild mit der Breite 2 cm und der Länge 3 cm wird so gestreckt, dass die Breite 22,5 cm beträgt. Berechne die Länge des gestreckten Bildes in deinem Heft.

4. In der Berufsschule lernt Nehir die technischen Daten von Bildschirmen kennen. Folgende Tabelle zeigt die ungefähren Abmessungen eines Monitors im Format 16:9 abhängig von der Zollgröße.

Zoll	17 in	18 in	19 in	20 in	21 in	22 in	23 in	24 in	25 in
Breite	38 cm	40 cm	42 cm	44 cm	46 cm	49 cm	51 cm	53 cm	55 cm
Höhe	21 cm	22 cm	24 cm	25 cm	26 cm	27 cm	29 cm	30 cm	31 cm

   a) Zeige in deinem Heft, dass die Monitorgrößen alle ähnlich zueinander sind.
   b) Berechne in deinem Heft die Flächeninhalte der Monitore in dm².
   c) Berechne in deinem Heft die Fläche eines 34-Zoll- und eines 50-Zoll-Monitors.

J. Felten/P. Felten: Mathematik berufsbezogen 9/10
© Auer Verlag

1.15 Strahlensätze (Forstwirt/-in)

Was machen eigentlich Forstwirte/Forstwirtinnen?

Forstwirte/Forstwirtinnen kennen den richtigen Umgang mit Bäumen aller Art. In Baumschulen kultivieren sie Bäume, kümmern sich um den richtigen Schnitt und die entsprechende Pflege. Aber auch Waldflächen werden von ihnen geschützt und gepflegt. Sie zäunen Waldflächen ein, pflegen alte Bäume und fällen oder kürzen zu große Bäume, wenn diese eine Gefährdung darstellen. Dabei kann es nötig sein, die Größe von Bäumen zu ermitteln.

1. Mit der sogenannten Stockpeilung schätzen Forstwirte die Höhe eines Baumes ein. Zunächst messen sie dazu ihren eigenen Abstand zum Baum. Dann halten sie einen Messstab vor sich und peilen möglichst geradlinig die Unterseite des Baumes an. Anschließend peilen sie die Baumkrone an und lesen auf dem Messstab den entsprechenden Wert ab.

   Die Hand des Försters im rechten Bild ist etwa 70 cm vom Auge entfernt. Berechne jeweils in deinem Heft die Höhe der angepeilten Bäume:

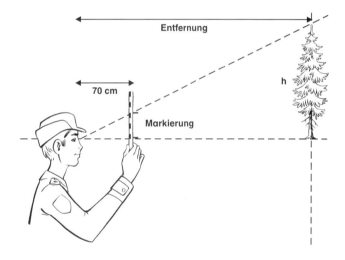

   a) Entfernung: 9 m, Markierung: 60 cm
   b) Entfernung: 15 m, Markierung: 10 cm
   c) Entfernung: 20 m, Markierung: 15 cm
   d) Entfernung: 20 m, Markierung: 20 cm

2. Eine andere Methode, um die Baumgröße zu bestimmen, ist, den Schattenwurf zu vergleichen. In Jojos Wald steht ein kleiner Baum dicht neben einem großen. Der kleine Baum ist erst 2 m hoch, was Jojo problemlos abmessen kann. Der Schatten des Baumes ist 4,5 m lang, während der große Baum zur selben Zeit einen 20 m langen Schatten wirft. Berechne die Größe des großen Baumes mithilfe der Strahlensätze.

3. Es muss die Länge eines Waldsees bestimmt werden. Diese kann nicht einfach gemessen werden. Daher versucht Forstwirtin Ina, die Länge mithilfe der Strahlensätze zu bestimmen.
   Erkläre in deinem Heft, wie Ina vorgehen kann, um die Länge zu bestimmen.

    Tipp: Verdeutliche deine Erklärung anhand einer Skizze.

2.1 Winkel im rechtwinkligen Dreieck (Konstruktionsmechaniker/-in)

Was machen eigentlich Konstruktions-mechaniker/-innen?

Konstruktionsmechaniker/-innen stellen Metallteile auf Grundlage von technischen Zeichnungen her, welche sie wiederum zu Metallkonstruktionen jeglicher Art verarbeiten. Zum Beispiel bauen sie Kräne, Brücken, Bohrtürme oder Metallkonstruktionen für Hoch- und Parkhäuser. Für die Herstellung der Werkstücke programmieren sie CNC-Maschinen nach den Vorgaben technischer Zeichnungen. Einzelne Größen müssen dafür von ihnen berechnet werden.

1. Milo muss in seiner CNC-Maschine die Winkel und Seitenlängen von Dreiecken programmieren. Er hat die Seitenlängen a, b und c der Dreiecke im Bauplan abgemessen. Gegenüber der Seite c liegt jeweils ein rechter Winkel. Nun muss er die fehlenden Winkelgrößen von α und β berechnen. Berechne die Winkelgrößen für die angegebenen Seitenlängen in deinem Heft.

a) a = 3 cm, b = 4 cm
b) a = 5 cm, b = 7 cm

c) a = 12 cm, b = 1 dm
d) b = 4 cm, c = 6 cm

e) a = 1 m, c = 2 m
f) a = 4 cm, c = 5 cm

2. Farnaz muss verschiedene Bleche für Seitenwände eines Lagerhauses herstellen. Die Bleche sind alle rechtwinklig mit den Katheten a, b und der Hypotenuse c. Sie benötigt aber zunächst die Winkelgrößen, um arbeiten zu können. Berechne die Winkel im Dreieck für die gegebenen Werte in deinem Heft.

a) a = 300 cm, b = 40 dm
b) a = 7 cm, b = 1 dm
c) c = 7 dm, b = 1,2 m

3. Milo lernt in der Berufsschule, dass ein Kran aus verschiedenen Dreiecken konstruiert wird. Für die Konstruktion der Metallteile müssen zunächst die Winkel in den Dreiecken berechnet werden. Zeichnet man die Höhe der Dreiecke ein, so kann man diese mit den üblichen Sinus- und Kosinusformeln berechnen. Berechne die Winkelgrößen im gegebenen Dreieck. Miss zunächst hier die benötigten Seitenlängen und berechne in deinem Heft.

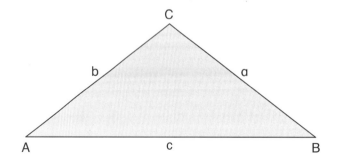

J. Felten / P. Felten: Mathematik berufsbezogen 9/10 © Auer Verlag

2.2 Berechnungen beim rechtwinkligen Dreieck (Konstruktions-mechaniker/-in)

Was machen eigentlich Konstruktionsmechaniker/-innen?

Konstruktionsmechaniker/-innen stellen Metallteile auf Grundlage von technischen Zeichnungen her, welche sie wiederum zu Metallkonstruktionen jeglicher Art verarbeiten. Zum Beispiel bauen sie Kräne, Brücken, Bohrtürme oder Metallkonstruktionen für Hoch- und Parkhäuser. Für die Herstellung der Werkstücke programmieren sie CNC-Maschinen nach den Vorgaben technischer Zeichnungen. Einzelne Größen müssen dafür von ihnen berechnet werden.

1. Farnaz muss verschiedene dreieckige Bleche A, B, C, D und E herstellen. Die Bleche sind alle rechtwinklig. Sie muss nun anhand der Angaben die fehlenden Längen, Winkel und jeweils den Flächeninhalt der Bleche berechnen. Arbeite in deinem Heft.

Blech A: $\alpha = 40°$, Hypotenuse: 7 cm
Blech B: Katheten je 5 cm
Blech C: Hypotenuse: 1,2 dm, eine Kathete: 9 cm
Blech D: eine Kathete: 2 cm, der anliegende Winkel: 15°
Blech E: eine Kathete: 2 cm, der gegenüberliegende Winkel: 15°

2. Parkhäuser werden häufig aus einer Stahlkonstruktion gebaut. Die Stahlträger müssen dann entsprechend der Maße des Parkhauses angefertigt werden. Ina berechnet die Länge eines Stahlträgers, welcher diagonal an einer 6 m langen und 5 m hohen Außenwand liegen soll. Sie berechnet auch den Winkel, in dem der Stahlträger am Boden angebracht werden muss. Berechne in deinem Heft.

3. Tim muss Stahlstangen für das Dach eines Pavillons herstellen. Das Dach hat die Form eines gleichschenkligen Dreiecks. Der Pavillon ist 3 m breit und der Winkel im Giebel soll 110° betragen. Berechne die Längen der Stahlstangen, welche vom Giebel zu den Ecken führen, in deinem Heft.

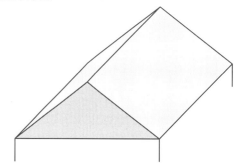

4. Klara muss rechteckige Stahlteile stanzen. Dazu programmiert sie eine CNC-Maschine. Die Winkel der Stahlteile sollen 30°, 60° und 90° betragen. Die Teile müssen in verschiedenen Größen angefertigt werden.
Erkläre in deinem Heft, warum die Seitenlängen der Stahlteile nicht eindeutig bestimmt sind. Bestimme dann verschiedene Seitenlängen der Stahlteile, die Klara in die CNC-Maschine eingeben könnte, um die geforderten Winkelgrößen zu erhalten.

2.3 Sinussatz im Dreieck (Bauzeichner/-in)

Was machen eigentlich Bauzeichner/-innen?

Bauzeichner/-innen zeichnen Pläne von Neu- oder Umbauten für Gebäude, Brücken, Straßen etc. Die notwendigen Unterlagen erhalten sie beispielsweise von dem zuständigen Architekten. Des Weiteren fertigen sie Grundrisse, Detailzeichnungen oder Baupläne nach den technischen Vorschriften an. Die Zeichnungen von Bauzeichnern/Bauzeichnerinnen müssen alle Details des Objektes, welches sie zeichnen, erkennen lassen. Zudem berechnen sie mithilfe einzelner Winkelgrößen die Statik von Gebäuden.

1. Bauzeichnerinnen berechnen fehlende Längen und Winkel in Dreiecken, um die Werte für die Statik von Häusern zu vervollständigen. Berechne in deinem Heft die gesuchte Seitenlänge bzw. den gesuchten Winkel folgender Dreiecke, die jeweils einem Gebäudegrundriss entnommen wurden.

a) Berechne α.

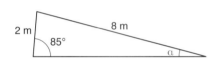

b) Berechne a.

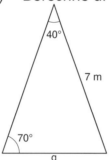

c) Berechne α.

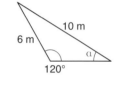

2. Michael berechnet in folgendem Bauplan die eingezeichneten Winkel α und β sowie die Längen der Seiten a, b und c. Berechne in deinem Heft.

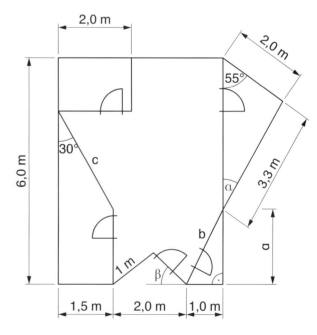

3. Um Seitenlängen und Winkel schneller berechnen zu können, stellt Henry den Sinussatz $\frac{a}{b} = \frac{\sin(\alpha)}{\sin(\beta)}$ nach a, b, α und β um. Welche Formeln erhält er jeweils? Arbeite in deinem Heft.

J. Felten/P. Felten: Mathematik berufsbezogen 9/10
© Auer Verlag

2.4 Sinussatz im Alltag (Vermessungstechniker/-in)

Was machen eigentlich Vermessungs-techniker/-innen?

Vermessungstechniker/-innen vermessen Gelände und protokollieren die Daten. Danach erstellen sie im Büro Karten der vermessenen Gelände. Fehlende Größen müssen sie dazu aus den gewonnenen Mess-daten berechnen. Auch die Abmessungen von Be-sonderheiten im Gelände, wie Seen und Wälder, müssen im richtigen Maßstab auf die Karten gebracht werden.

1. Erkläre in deinem Heft den Vorteil, den Vermessungstechniker haben, wenn sie neben dem Satz des Pythagoras und den klassischen Formeln für Sinus und Kosinus auch den Sinussatz für ihre Berechnungen verwenden.

2. Um die Abmessungen eines Sees zu bestimmen, hat Landvermesser Schwebel folgende Skizze gemacht und die gegebenen Werte gemessen. Nun möchte er die Maße des Sees berechnen.

a) Erkläre in deinem Heft, warum Herr Schwebel für die Berechnung der Seelängen den Sinussatz benötigt.

b) Berechne die Breite und die Länge des Sees in dei-nem Heft.

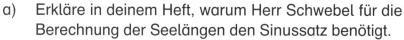

3. Herr Schwebel verwendet die Messdaten in folgender Skizze, um die Länge des Waldweges zu berechnen.
Arbeite in deinem Heft.

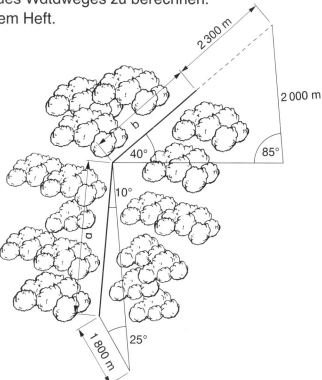

J. Felten/P. Felten: Mathematik berufsbezogen 9/10
© Auer Verlag

2.5 Kosinussatz im Dreieck (Vermessungstechniker/-in)

Was machen eigentlich Vermessungs-techniker/-innen?

Vermessungstechniker/-innen vermessen Gelände und protokollieren die Daten. Danach erstellen sie im Büro Karten der vermessenen Gelände. Fehlende Größen müssen sie dazu aus den gewonnenen Messdaten berechnen. Auch die Abmessungen von Besonderheiten im Gelände, wie Seen und Wälder, müssen im richtigen Maßstab auf die Karten gebracht werden.

1. Aylin vertritt ihren Kollegen. Dieser sollte noch verschiedene Längen berechnen und hat Aylin dafür Skizzen vorbereitet. Berechne in deinem Heft jeweils die angegebene Seitenlänge im Dreieck.

a) Berechne a.

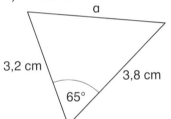

b) Berechne b.

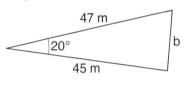

c) Berechne c.

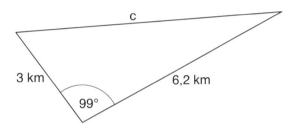

2. Neben Seitenlängen soll Aylin zudem Winkelgrößen berechnen. Auch dafür wurden für sie Skizzen vorbereitet. Berechne jeweils den Winkel α in deinem Heft.

a) Berechne α.

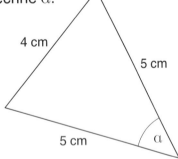

b) Berechne α.

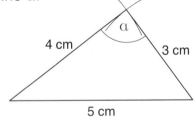

3. Aylins Kollege Moritz hat eine Landschaftsskizze auf dem Schreibtisch liegen gelassen. Er hat Aylin erzählt, dass er noch eine Möglichkeit sucht, den Durchmesser des Waldstücks zu bestimmen. Überlege dir, wie man dafür den Kosinussatz verwenden kann. Arbeite in deinem Heft.

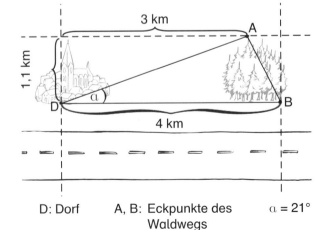

D: Dorf   A, B: Eckpunkte des Waldwegs   α = 21°

J. Felten/P. Felten: Mathematik berufsbezogen 9/10
© Auer Verlag

2.6 Kosinussatz im Alltag (Gärtner/-in – Garten- und Landschaftsbau)

Was machen eigentlich Gärtner/-innen für Garten- und Landschaftsbau?

Gärtner/-innen bepflanzen und pflegen Grünanlagen in Gärten, Parks, Spielplätzen oder Sportplätzen. Sie gestalten diese Flächen, legen sie an und planen ganze Parkanlagen. Gärtner/-innen müssen solche Vorhaben am Schreibtisch genau vorausplanen, aber auch auf der Baustelle spontane Entscheidungen treffen.

1. Max pflegt einen Stadtpark. In dem Park befindet sich ein See, dessen Länge Max bestimmen muss. Berechne die Länge und Breite des Sees mit den in der Skizze gegebenen Werten in deinem Heft.

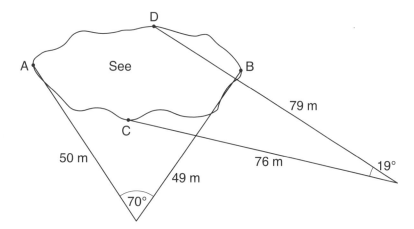

2. Hannah baut aus Kantensteinen eine dreieckige Einfassung für ein Beet. Eine Länge (= $\overline{AB}$) hat sie bereits einbetoniert und dafür 6 m Kantensteine verwendet. Nun markiert Hannah einen Punkt P, der 11 m entfernt liegt und der die fehlende Ecke des Beets darstellt (siehe Skizze).

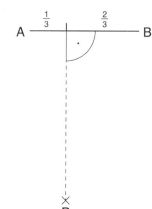

a) Berechne in deinem Heft, wie viele Kantensteine der Länge 1,2 m Hannah noch benötigt.

b) Berechne in deinem Heft den Winkel α, den das Beet im Punkt P benötigt.

3. Erläutere in deinem Heft, warum Gärtner nicht allein mit dem Satz des Pythagoras auskommen.

4. Erkläre in deinem Heft, für welche Rechnungen sich der Kosinussatz für Gärtner besonders gut eignet.

3.1 Terme verwenden (Elektroniker/-in)

Was machen eigentlich Elektroniker/-innen?

Elektroniker/-innen kennen sich besonders gut mit der Stromversorgung, der Verkabelung, der Elektronik und vielem mehr aus. Ihr Beruf ist in viele verschiedene Fachgebiete aufgeteilt. Alle jedoch arbeiten mit Größen aus der Elektrotechnik und müssen diese mit Formeln berechnen oder auch zeichnerisch darstellen. In Versorgungsunternehmen erheben sie zudem statistische Werte.

1. Die drei Größen Spannung U, Widerstand R und Strom I stehen im Verhältnis $U = R \cdot I$. Elektroniker müssen die Spannung berechnen können.

a) Die Einheiten für Spannung, Widerstand und Strom sind Volt (V), Ohm (Ω) bzw. Ampere (A). Berechne U für $R = 2\ \Omega$ und $I = 6$ A in deinem Heft.

b) Berechne die Spannung bei einem Widerstand von 5 Ohm und einem Strom von 6 Ampere.

2. Die sogenannte Leistung P berechnet Jonas mit der Formel $P = \frac{W}{t}$. Dabei steht W für Arbeit in Joule (oder Newtonmeter) und t für die Zeit in Sekunden. Arbeite in deinem Heft.

a) Berechne P für $W = 450$ J und $t = 150$ s.

b) Berechne P für $W = 330$ J und $t = 50$ s.

c) Berechne P für $W = 505$ J und $t = 10$ s.

3. Mit der Formel für die Leistung in Watt kann Tanja durch Umstellen ebenso die Arbeit W in Joule (oder Newtonmeter) oder die benötigte Zeit t in Sekunden berechnen. Arbeite in deinem Heft.

a) Berechne die Arbeit W für $P = 5$ W und $t = 17$ s.

b) Berechne die Arbeit W für $P = 10$ W und $t = 0{,}1$ s.

c) Berechne die Zeit t für $P = 3$ W und $W = 450$ J.

4. Als Elektroniker verwendet man auch in den oben genannten Formeln immer die Einheiten der gegebenen Größen. Die Leistung P wird in Watt (W) gemessen, die Arbeit W wird auch in Wattsekunden (Ws) und die Zeit (t) wird in Sekunden (s) angegeben. Berechne folgende Größen in deinem Heft. Vergiss nicht, im Ergebnis die richtige Einheit anzugeben.

a) Berechne P für $W = 680$ Ws und $t = 17$ s.

b) Berechne P für $W = 750$ Ws und $t = 50$ s.

c) Berechne P für $W = 505$ Ws und $t = 20$ s.

d) Berechne die Arbeit W für $P = 5$ W und $t = 13$ s.

e) Berechne die Arbeit W für $P = 23$ W und $t = 0{,}1$ s.

f) Berechne die Zeit t für $P = 9$ W und $W = 450$ Ws.

5. Die Ladung Q (in Amperestunden, Ah) ist das Produkt aus dem Strom I (in Ampere, A) und der Zeit t (in Stunden, h). Alexander stellt eine Formel für die Ladung Q auf und berechnet so die Ladung Q für $I = 9$ A und $t = 12$ h. Arbeite in deinem Heft.

J. Felten/P. Felten: Mathematik berufsbezogen 9/10
© Auer Verlag

3.2 Einfache quadratische Gleichungen (Berufskraftfahrer/-in)

Was machen eigentlich Berufskraft-fahrer/-innen?

Berufskraftfahrer/-innen haben die Aufgabe, ihr Fahrzeug sicher zu steuern. Dies kann ein Bus, ein Lkw, ein Sattelschlepper oder vieles mehr sein. Sie halten sich an ihre Routen und müssen dafür sorgen, dass sie die Fahr- und Ruhezeiten einhalten. Außerdem müssen sie mit den Verkehrsregeln im In- und Ausland vertraut sein. Äußerst wichtig ist

zudem ein gutes Verständnis von Bremswegen und Reaktionszeiten, um Auffahrunfälle zu vermeiden und keine Unfälle zu verursachen. Darin werden Berufskraftfahrer/-innen explizit geprüft, um ihre Fahrerlaubnis zu erhalten.

1. Wenn man bei einem Fahrzeug auf die Bremse tritt, um es zum Anhalten zu bringen, steht es nicht sofort, sondern es legt noch eine gewisse Strecke zurück, bevor es ganz zum Stehen kommt. Diese Strecke, die das Fahrzeug noch während des Bremsvorgangs zurücklegt, nennt man Bremsweg.
Berechne den Bremsweg, den Sebastians Bus zurücklegt, wenn er 80 m vor einer Ampel auf die Bremse tritt und 25 m vor der Ampel stehen bleibt. Arbeite in deinem Heft.

2. Für den Bremsweg gilt die Formel $s = \frac{1}{100} \cdot v^2$. Dabei ist s der Bremsweg in m und v die Geschwindigkeit in km/h. Jenny lernt sie in der Berufsschule. Arbeite in deinem Heft.

a) Berechne den Bremsweg bei einer Geschwindigkeit von 30 km/h.
b) Berechne den Bremsweg bei einer Geschwindigkeit von 65 km/h.
c) Berechne den Bremsweg bei einer Geschwindigkeit von 100 km/h.

3. Für seine Fahrerlaubnis soll Mohamad die Gleichung $\frac{1}{100} \cdot v^2 = 200$ lösen. Arbeite in deinem Heft.

a) Erkläre, was man mit dieser Gleichung berechnet.
b) Löse die Gleichung nach v auf.
c) Mathematisch gesehen besitzt die Gleichung zwei Lösungen. Gib beide Lösungen an.
d) Erkläre, warum nur eine dieser beiden Lösungen die gesuchte Lösung ist.

4. Dennis berechnet die Geschwindigkeit, die man bei einem Bremsweg von 1 m zurücklegt. Arbeite in deinem Heft

5. Der Lkw-Fahrerin Tilda wurde die Vorfahrt genommen. Sie konnte ihr Fahrzeug gerade noch rechtzeitig abbremsen, doch kam es hinter ihr zu einem Auffahrunfall. Der Fahrer, der ihr die Vorfahrt genommen hatte, behauptete bei der Polizei, dass Tilda zu schnell gefahren sei. Anhand von Tildas Bremsspur lässt sich ein Bremsweg von 45 m ablesen. Die erlaubte Geschwindigkeit betrug 70 km/h. Kann Tilda der Polizei nachweisen, dass sie sich an die Geschwindigkeitsbegrenzung gehalten hat? Erläutere in deinem Heft, wie sie vorgehen sollte.

3.3 Quadratische Gleichungen mit der pq-Formel lösen (Berufskraftfahrer/-in)

Was machen eigentlich Berufskraftfahrer/-innen?

Berufskraftfahrer/-innen haben die Aufgabe, ihr Fahrzeug sicher zu steuern. Dies kann ein Bus, ein Lkw, ein Sattelschlepper oder vieles mehr sein. Sie halten sich an ihre Routen und müssen dafür sorgen, dass sie die Fahr- und Ruhezeiten einhalten. Außerdem müssen sie mit den Verkehrsregeln im In- und Ausland vertraut sein. Äußerst wichtig ist zudem ein gutes Verständnis von Bremswegen und Reaktionszeiten, um Auffahrunfälle zu vermeiden und keine Unfälle zu verursachen. Darin werden Berufskraftfahrer/-innen explizit geprüft, um ihre Fahrerlaubnis zu erhalten.

1. Der Bremsweg s_B gibt die Strecke an, die ein Fahrzeug während des Bremsvorgangs zurücklegt. Bevor der Fahrer bremst, vergeht eine Reaktionszeit s_R, in der auch ein Teil der Strecke zurückgelegt wird (Reaktionsweg). Die Reaktionszeit benötigt der Fahrer, um festzustellen, dass die Notwendigkeit des Bremsens besteht. Unter dem Anhalteweg versteht man die Summe von Reaktionsweg und Bremsweg, also $s_R + s_B$. Jonas lernt dies in der Berufsschule.
   Berechne in deinem Heft den Anhalteweg bei einem Reaktionsweg von 21 m und einem Bremsweg von 49 m.

2. Bei einer Geschwindigkeit v (in km/h) gilt für den Reaktionsweg (in m) die Formel $s_R = \frac{3}{10} \cdot v$ und für den Bremsweg (in m) $s_B = \frac{1}{100} \cdot v^2$. Ayse muss in der Berufsschule eine Formel für den Anhalteweg s_A aufstellen. Arbeite in deinem Heft.

3. Andreas berechnet den Anhalteweg bei den Geschwindigkeiten 50 km/h, 100 km/h und 150 km/h. Arbeit in deinem Heft

4. Ole hat während seiner Pause in seinem Bus folgende Rechnungen durchgeführt:

   $$\frac{1}{100} v^2 + \frac{3}{10} v \qquad\quad = 100 \qquad | - 100$$

   $$\frac{1}{100} v^2 + \frac{3}{10} v - 100 \ \ = 0 \qquad | \cdot 100$$

   $$v^2 + 30\,v - 10\,000 = 0 \quad \rightarrow \quad v_{1/2} = -\frac{30}{2} \pm \sqrt{(15)^2 + 10\,000} \approx -15 \pm 101,12$$

   a) Überprüfe die Ergebnisse von Ole in der Ausgangsgleichung in deinem Heft.
   b) Erläutere, was Ole berechnen wollte. Welche der beiden Lösungen ist sein gesuchtes Ergebnis? Begründe deine Antwort in deinem Heft.

5. Sven berichtet bei der Unfallaufnahme, dass er einen Anhalteweg von 200 m hatte. Die Polizei berechnet seine Geschwindigkeit. Arbeite in deinem Heft.

J. Felten/P. Felten: Mathematik berufsbezogen 9/10
© Auer Verlag

3.4 Exponentialgleichungen lösen (Biologielaborant/-in)

Was machen eigentlich Biologielaboranten/ Biologielaborantinnen?

Biologielaboranten/Biologielaborantinnen arbeiten im Labor und untersuchen dort verschiedene biologische Organismen wie Pflanzen, Zellkulturen oder auch Tiere. Sie testen die Reaktion dieser Organismen auf verschiedene Substanzen. Außerdem untersuchen sie das Verhalten von Bakterien und Keimen und arbeiten so an der medizinischen Forschung mit. Beispielsweise werden so das Wachstumsverhalten von Krankheitserregern und die (Neben-)Wirkungen von Medikamenten auf die Erreger und Tiere untersucht.

1. Bakterien vermehren sich in der Regel exponentiell. Das heißt, nach einer gewissen Zeit verdoppelt sich die Anzahl der Bakterien in einer Bakterienkultur.
Frieda untersucht in ihrem Labor eine Bakterienkultur, die für eine Grippeerkrankung verantwortlich ist. Sie weiß mittlerweile, dass sie die Anzahl der Bakterien b nach einer Zeit t in Stunden, mit der Formel $b = 250 \cdot 1{,}2^t$ berechnen kann.

a) Berechne die Anzahl der Bakterien zu Beginn der Untersuchung in deinem Heft.

b) Berechne die Anzahl der Bakterien nach 2, 5 und 10 Stunden in deinem Heft.

c) Berechne in deinem Heft, nach wie vielen Stunden 1 Million Bakterien existieren.

2. Lasse untersucht eine Bakterienkultur, deren Anzahl sich stündlich verdoppelt. Zu Beginn sind 3 100 Bakterien vorhanden. Arbeite in deinem Heft.

a) Berechne, wie viele Bakterien nach 1, 2, 3 und 5 Stunden vorhanden sind.

b) Gib an, mit welcher Gleichung Lasse die Anzahl der Bakterien berechnen kann.

c) Berechne, nach welcher Zeit 10 Millionen Bakterien vorhanden sind.

3. Friedas Bakterien aus Aufgabe 1 haben sich 2 Tage lang vermehrt. Nun untersucht sie, wie verschiedene Medikamente auf die Bakterien wirken. Nach Zugabe eines Antibiotikums halbiert sich die Bakterienmenge stündlich. Arbeite in deinem Heft.

a) Finde eine Gleichung, welche die Anzahl der Bakterien für diesen Zerfallsprozess beschreibt.

b) Berechne anschließend, wie lange es dauert, bis noch 250 Bakterien übrig sind.

4. Biologielaborant Tim untersucht die Populationsgröße einer Kolonie winziger Lebewesen. Er beschreibt seine Berechnung mit dem Term $P = 32\,000 \cdot 2^m$. Erkläre in deinem Heft, was dieser Term bedeuten könnte.

J. Felten/P. Felten: Mathematik berufsbezogen 9/10
© Auer Verlag

3.5 Exponentialgleichungen bei Zinsen (Bankkaufmann/-frau)

Was machen eigentlich Bankkaufleute?

Bankkaufleute betreuen Bankkunden beim Führen ihrer Konten und bei vielen anderen Geldangelegenheiten. Sie kümmern sich um die ordentliche Abwicklung und beraten bei wichtigen Entscheidungen. So empfehlen sie auch Bausparverträge, Lebensversicherungen oder Kredite. Für Konten, die sie betreuen, müssen sie die Zinsen berechnen und langfristige Zinspläne erstellen.

1. Die Bankkauffrau Mia führt folgende Rechnungen durch, um den Kontostand eines Kunden nach 1 Jahr zu ermitteln.
   Zinsen: $20\,000,00\ \text{€} \cdot 0,018 = 360,00\ \text{€}$
   Kapital nach 1 Jahr: $20\,000,00\ \text{€} + 360,00\ \text{€} = 20\,360\ \text{€}$

   a) Wie hoch ist das Kapital, das sich vor dem Erhalt der Zinsen auf dem Konto befand? Wie hoch ist der Zinssatz? Wie hoch sind die Zinsen? Wie hoch ist der neue Kontostand des Kunden? Arbeite in deinem Heft.

   b) Erkläre den Rechenweg von Mia in deinem Heft.

2. Um schneller auf das Ergebnis zu kommen, rechnet Mia den neuen Kontostand in einer einzigen Rechnung aus: $20\,000,00\ \text{€} \cdot 1,018 = 20\,360,00\ \text{€}$. Arbeite in deinem Heft.

   a) Berechne auf demselben Weg den Kontostand nach 2, 3, 4 und 5 Jahren.

   b) Berechne $20\,000,00\ \text{€} \cdot 1,018 \cdot 1,018 \cdot 1,018 \cdot 1,018 \cdot 1,018$ und interpretiere das Ergebnis.

   c) Berechne $20\,000\ \text{€} \cdot 1,018^5$ und interpretiere das Ergebnis.

3. Michail verwaltet ein Sparkonto mit einem Kapital von 250 000 Euro und einem Zinssatz von 2,00 %. Den Kontostand K_n nach n Jahren berechnet er mithilfe der Gleichung $K_n = 250\,000 \cdot 1,02^n$. Michails Kunde möchte wissen, wie lange es dauert, bis er 500 000 Euro auf dem Konto hat. Bestimme die Anzahl der dafür benötigten Jahre in deinem Heft.

4. Mia führt ein Kundengespräch. Der Kontostand von Herrn Müller befindet sich schon lange Zeit im Minusbereich. Seine Schulden betragen zurzeit 7 523,12 Euro. Diese werden mit 10 % verzinst. Mia möchte Herrn Müller warnen und berechnet als Vorbereitung auf das Gespräch, wie lange es dauert, bis er 8 000,00 Euro bzw. 10 000,00 Euro Schulden haben wird. Außerdem berechnet sie, bis wann sich die Schulden verdoppelt haben werden.
   Führe die Rechnungen für Mia in deinem Heft durch und schreibe anschließend auf, was Mia Herrn Müller sagen könnte.

J. Felten/P. Felten: Mathematik berufsbezogen 9/10
© Auer Verlag

3.6 Potenzen bei Zahlensystemen (Technische/-r Assistent/-in – Elektronik und Datentechnik)

Was machen eigentlich technische Assistenten/Assistentinnen?

Technische Assistenten/Assistentinnen gibt es in den Fachrichtungen Bautechnik, Elektronik und Datentechnik, Gebäudetechnik, Mechatronik, Metallografie und Werkstoffkunde, naturkundliche Museen und Forschungsinstitute sowie regenerative Energietechnik und Energiemanagement. Im Bereich Elektronik und Datentechnik arbeiten technische Assistenten/Assistentinnen mit Informatikern, Physikern oder Ingenieuren zusammen. Sie stellen Bauteile her, bauen Schaltungen und entwerfen die benötigte Software. Dabei verwenden sie häufig das Binärsystem.

1. Luisa arbeitet als technische Assistentin. Einem Praktikanten erklärt sie die Umrechnung vom Binärsystem in das übliche Zehnersystem:
   „In unserem üblichen Zahlensystem, dem Zehnersystem, schreiben wir Zahlen mithilfe von Zehnerpotenzen. So gilt zum Beispiel: $231 = 2 \cdot 10^2 + 3 \cdot 10^1 + 1 \cdot 10^0$."

   a) Überprüfe in deinem Heft, ob das Ergebnis von $2 \cdot 10^2 + 3 \cdot 10^1 + 1 \cdot 10^0$ wirklich 231 ist.

   b) Luisa erklärt weiter: „Im Binärsystem stehen die einzelnen Ziffern für die Anzahl von Zweierpotenzen, zum Beispiel: $1\,001_2 = 1 \cdot 2^3 + 0 \cdot 2^2 + 0 \cdot 2^1 + 1 \cdot 2^0$."
   Berechne die Zahl $1\,001_2$ im Zehnersystem in deinem Heft.
   Wandle die Zahl $1\,001_2$ anschließend ins Zehnersystem um.

   c) Luisa gibt dem Praktikanten eine Aufgabe: *„Die Zahlen im Binärsystem bestehen nur aus Nullen und Einsen. Wandle folgende Zahlen in das Zehnersystem um: $1\,111_2$, $100\,000_2$, $10\,101_2$."*
   Löse die Aufgabe des Praktikanten in deinem Heft.

2. Tarek muss auf einer Platine 260 verschiedene Beleuchtungen programmieren. Bevor er die benötigten LEDs anbringen kann, muss er die Zahl 260 im Binärsystem darstellen. Wie lautet das Ergebnis? Arbeite in deinem Heft.

3. Während Luisas Praktikant an seinen Aufgaben rechnet, programmiert Luisa eine Binäruhr. Sie besteht aus insgesamt 20 LEDs, die Stunden, Minuten und Sekunden angeben:

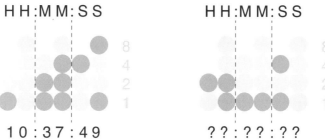

Welche Uhrzeit zeigt das zweite Bild? Arbeite in deinem Heft.

J. Felten/P. Felten: Mathematik berufsbezogen 9/10
© Auer Verlag

3.7 Wissenschaftliche Schreibweise (Physikalisch-technische/-r Assistent/-in)

Was machen eigentlich physikalisch-technische Assistenten/Assistentinnen?

Physikalisch-technische Assistenten/Assistentinnen arbeiten im Labor und im Büro, wo sie Physiker bei ihrer Arbeit unterstützen. Sie bauen Apparaturen für Experimente auf, helfen bei der Durchführung, dokumentieren die Versuchsergebnisse und werten diese aus. Dabei arbeiten sie

auch im mikroskopischen Bereich und arbeiten mit sehr kleinen Größen, die sie in der wissenschaftlichen Schreibweise für kleine Zahlen notieren müssen.

1. Justus hat von einer Physik-Professorin einige Messwerte bekommen und soll diese in die wissenschaftliche Schreibweise umwandeln. Den ersten Wert hat die Professorin bereits umgewandelt: $0,000\,000\,034 = 3,4 \cdot 10^{-8}$
   Es fehlen folgende Zahlen: 0,03; 0,002; 0,000 23; 0,000 05; 0,000 004 32; 0,000 000 02. Arbeite in deinem Heft.

2. Justus hat recherchiert: Atome haben ungefähr folgende Durchmesser:

   Wasserstoff (H) $64 \cdot 10^{-12}$ m   Helium (He) $56 \cdot 10^{-12}$ m

   Lithium (Li) $304 \cdot 10^{-12}$ m   Beryllium (Be) $224 \cdot 10^{-12}$ m

   Bor (B) $176 \cdot 10^{-12}$ m   Kohlenstoff (C) $154 \cdot 10^{-12}$ m

   Stickstoff (N) $140 \cdot 10^{-12}$ m   Sauerstoff (O) $132 \cdot 10^{-12}$ m

   a) Wandle die Atomdurchmesser in deinem Heft in die normale Dezimalschreibweise um.
   b) Wandle die Atomdurchmesser in Zentimeter um. Dabei gilt: 1 m = 10^2 cm. Arbeite in deinem Heft.
   c) Wandle die Atomdurchmesser in Nanometer (nm) um. Dabei gilt: 1 m = 10^9 nm. Arbeite in deinem Heft.
   d) Schreibe die Werte für Nanometer in wissenschaftlicher Schreibweise in dein Heft.

3. Justus berechnet die Länge von 120 Wasserstoffatomen in m und nm. Er gibt die Länge jeweils in wissenschaftlicher Schreibweise an. Arbeite in deinem Heft.

4. Ebenso berechnet Justus die Länge von 3 Millionen Boratomen in m und nm. Er gibt auch hier die Länge jeweils in wissenschaftlicher Schreibweise an. Arbeite in deinem Heft.

5. Justus hat gelesen, dass die Milchstraße einen Durchmesser von etwa 950 000 000 000 000 000 km hat. Wie viele Heliumatome müsste man aneinanderreihen, um diese Länge zu erreichen. Notiere dein Ergebnis in wissenschaftlicher Schreibweise in deinem Heft.

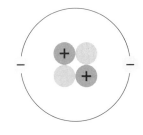

J. Felten/P. Felten: Mathematik berufsbezogen 9/10
© Auer Verlag

3.8 Bezeichnungen großer Zahlen (IT-System-Kaufmann/-frau)

Was machen eigentlich IT-System-Kaufleute?

IT-System-Kaufleute beraten ihre Kunden beim Kauf von IT-Produkten wie etwa Telefonanlagen, Computern oder der entsprechenden Software. Dazu müssen sie sich mit der Hard- und Software solcher Systeme auskennen. Dies betrifft auch die Speichergrößen von Computern und Smartphones sowie den richtigen Umgang für die nötige (Daten-) Sicherheit.

1. Die für Smartphones übliche Einheit für Speicherplatz ist Megabyte (MB). So wird beschrieben, wie viele Bytes man auf einem Gerät speichern kann. Ein Megabyte sind etwa 1 Million Bytes. Tina berechnet, wie viele Bytes ein Smartphone mit 32 000 MB Speicherplatz (32 GB) speichern kann. Arbeite in deinem Heft.

2. Jan berät einen Kunden bezüglich der Kapazität einer neuen Festplatte. Die alte Festplatte des Kunden hatte eine Größe von 250 MB. Nun möchte er die vierfache Speicherkapazität. Ermittle mithilfe der folgenden Tabelle, welche Größe Jan dem Kunden empfehlen sollte. Arbeite in deinem Heft.

Bezeichnung	Abkürzung	Größe	als Zehnerpotenz
Bit	b oder bit	–	–
Byte	B oder Byte	8 Bit	–
Kilobyte	KB	1 000 Bytes	10^3 Bytes
Megabyte	MB	1 000 000 B bzw. 1 000 KB	10^6 Bytes 10^3 Kilobytes
Gigabyte	GB	1 000 000 000 B bzw. 1 000 MB	10^9 Bytes 10^3 Megabytes
Terabyte	TB	1 000 000 000 000 B bzw. 1 000 GB	10^{12} Bytes 10^3 Gigabytes

3. Mittlerweile haben Festplatten eine Größe von mehreren Terabytes, während früher noch Festplatten mit 50 Megabytes Speicherkapazität normal waren. Mia berechnet in der Berufsschule, wie viele Festplatten mit einem Speicherplatz von 50 Megabytes man bräuchte, um auf 1 Terabyte Speicherplatz zu kommen. Arbeite in deinem Heft.

4. Samira liest bei einem Kunden den Festplattenspeicher eines Computers aus. Sie erhält über ihr Lesegerät die Zahl 3 999 000 000 Bytes. Für den Kunden möchte Samira diese Zahl in eine geläufigere Einheit umrechnen. Welche Größe sollte sie dem Kunden mitteilen? Arbeite in deinem Heft.

J. Felten/P. Felten: Mathematik berufsbezogen 9/10
© Auer Verlag

3.9 Lineare Gleichungssysteme (Veranstaltungskaufmann/-frau)

Was machen eigentlich Veranstaltungskauf-leute?

Veranstaltungskaufleute planen Veranstaltungen und kümmern sich um die Durchführung. Je nach Veranstaltungsart planen sie entsprechend der Kundenwünsche. Dabei werben sie möglichst viele Teilnehmer. Ebenso fällt die finanzielle Vor- und Nachbereitung in ihren Aufgabenbereich, also auch das Kalkulieren der Kosten und Einnahmen. In Bezug auf das Qualitätsmanagement überprüfen sie nach der Veranstaltung die Zufriedenheit der Teilnehmer.

1. Oskar kalkuliert bei der Planung für eine Wohltätigkeitsveranstaltung mit Grundkosten von 400 Euro sowie mit Kosten von 15 Euro pro Besucher. Die Karten möchte er für 25 Euro pro Besucher verkaufen. Ermittle durch Probieren, bei wie vielen Besuchern Oskar mit der Veranstaltung einen Gewinn erzielt. Arbeite in deinem Heft.

2. Da Oskar häufig Kosten und Unkosten von Veranstaltungen kalkuliert, ist ihm die Probiermethode zu aufwendig. Er schreibt die Einnahmen und Ausgaben als Gleichungen und löst das entstehende Gleichungssystem.

a) Erkläre in deinem Heft, wie Oskar auf das folgende lineare Gleichungssystem gekommen ist: ① $y = 25x$

   ② $y = 15x + 400$

b) Löse das lineare Gleichungssystem von Aufgabe 2a) und erkläre, ab wie vielen Besuchern Oskar mit der Veranstaltung einen Gewinn erzielt. Arbeite in deinem Heft.

c) Wie viele Besucher müssten zur Veranstaltung kommen, damit diese einen Gewinn von mindestens 1 000 Euro abwirft? Arbeite in deinem Heft.

3. Anna organisiert ein Open-Air-Konzert. Für Bühne, Personal, Bandgagen etc. muss sie 1600 Euro an Kosten einplanen. Außerdem plant sie pro Besucher weitere 5 Euro an Kosten ein. Eine Karte für das Konzert kostet 20 Euro. Arbeite in deinem Heft.

a) Erstelle für die Einnahmen und die Kosten bei x Besuchern ein Koordinatensystem und lies anhand der Graphen ab, ab welcher Besucherzahl das Konzert einen Gewinn abwirft.

b) Erstelle ein geeignetes lineares Gleichungssystem und berechne mit diesem, bei welcher Besucherzahl das Konzert einen Gewinn abwirft.

c) Welche der beiden Methoden aus Aufgabe 3a) und 3b) hältst du für besser geeignet, um festzustellen, wie sich der Gewinn bei wachsender Besucherzahl entwickelt?

4. Für ein Theaterstück der Berufsschule wurden 100 Karten verkauft. Erwachsene zahlten 12 Euro, Kinder 4 Euro. Die Besucher erhielten Freigetränke. Erwachsene verursachen dadurch im Schnitt Unkosten von 2 Euro, Kinder Unkosten von 1 Euro. Außerdem entstanden 300 Euro Unkosten für die Raummiete.
Das Theaterstück brachte einen Umsatz von 880 Euro und verursachte Unkosten in Höhe von 460 Euro. Wie viele Karten wurden verkauft? Arbeite in deinem Heft.

J. Felten/P. Felten: Mathematik berufsbezogen 9/10
© Auer Verlag

4.1 Zuordnen (Kaufmännische/-r Assistent/-in bzw. Wirtschafts-assistent/-in – Betriebswirtschaft)

Was machen eigentlich kaufmännische Assistenten/Assistentinnen?

Kaufmännische Assistenten/Assistentinnen gibt es für verschiedene Fachrichtungen: Fremdsprachen, Medien, Musik, Werbung und andere. Mit dem Schwerpunkt Betriebswirtschaft unterstützen sie die Organisation von Betrieben. Sie beantworten E-Mails, vereinbaren Termine, verwalten Personalakten und erstellen Gehaltsabrechnungen. Dafür ordnen sie die verschiedenen Daten der Angestellten richtig zu.

1. Amir stellt für die Gehaltsabrechnungen der Mitarbeiter verschiedene Daten zusammen. Jedem Mitarbeiter wird dabei das Alter, die Betriebszugehörigkeit (in Jahren), der Familienstand (ledig, geschieden, verheiratet) und die Anzahl der Kinder zugeordnet. Diese Informationen kann er jeweils in der folgenden Tabelle ablesen:

Mitarbeiter	Alter	Betriebszugehörigkeit	Familienstand	Anzahl Kinder
Franz	50	24	geschieden	1
Julia	55	18	verheiratet	3
Saskia	22	1	ledig	0
Ulf	31	5	verheiratet	1

a) Welcher Familienstand ist Saskia zugeordnet? Wie viele Kinder hat Ulf? Welche Mitarbeiter haben Kinder? Arbeite in deinem Heft.

b) Amirs Firma zahlt folgende Zuschläge:
   - 2,50 Euro für jedes vollendete Lebensjahr über 20,
   - 12,00 Euro für jedes Jahr Betriebszugehörigkeit,
   - 80,00 Euro für Verheiratete und
   - 120,00 Euro pro Kind.

   Berechne die Zuschläge von Franz, Julia, Saskia und Ulf in deinem Heft.

c) Handelt es sich bei den folgenden Zuordnungen um Funktionen?

   Mitarbeiter → Alter   Mitarbeiter → Familienstand

   Mitarbeiter → Betriebszugehörigkeit   Mitarbeiter → Kinder

   Warum ist diese Information für Amir wichtig? Arbeite in deinem Heft.

2. Leni ist für die Buchführung und die Gehaltsabrechnungen in ihrer Firma zuständig. Sie hat den Mitarbeitern die Steuerklasse, den Familienstand und die Anzahl an Kindern zugeordnet:

Mitarbeiter	Angelika	Boris	Henriette	Hubert	Thorsten	Vivienne
Steuerklasse	4	1	1	1	3	6
Familienstand	verheiratet	ledig	geschieden	ledig	verheiratet	ledig
Anzahl Kinder	2	0	1	1	3	0

Leni will nun jeder Steuerklasse die Mitarbeiter zuordnen. Veranschauliche diese Zuordnung tabellarisch, nach Steuerklassen geordnet. Handelt es sich dabei um eine Funktion? Begründe deine Antwort. Arbeite in deinem Heft.

4.2 Funktionen allgemein (Kaufmännische/-r Assistent/-in bzw. Wirtschaftsassistent/-in im Bereich Datenverarbeitung/ Rechnungswesen)

Was machen eigentlich kaufmännische Assistenten/ Assistentinnen?

Kaufmännische Assistenten/Assistentinnen gibt es für verschiedene Fachrichtungen: Fremdsprachen, Medien, Musik, Werbung und andere. Mit dem Schwerpunkt Betriebswirtschaft unterstützen sie die Organisation von Betrieben. Sie beantworten E-Mails, vereinbaren Termine, verwalten Personalakten und erstellen Gehaltsabrechnungen. Dafür ordnen sie die verschiedenen Daten der Angestellten richtig zu.

1. Lisa ist kaufmännische Assistentin. Sie soll sich mit der folgenden Funktion für den Umsatz ihres Unternehmens in den Jahren ab 1900 beschäftigen. Dabei steht x = 0 für das Jahr 1900. Berechne und notiere in deinem Heft.

a) In welchem Jahr erzielte das Unternehmen den höchsten Gewinn? Begründe deine Antwort.

b) In welchem Jahr erzielte das Unternehmen den geringsten Gewinn? Begründe deine Antwort.

c) Welchen Gewinn erzielte die Firma im Jahr 2018?

d) Erstelle mithilfe des Graphen eine Wertetabelle in Zehnerschritten.

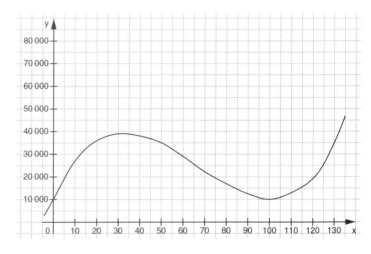

e) Der Verlauf ab x = 119 stellt eine Prognose des Firmenmanagers dar. Beurteile diese Prognose anhand der gegebenen Daten.

2. Der Graph der Funktion $f(x) = -0,2x^2 + 2,4x - 2,2$ beschreibt den Gewinn der Firma Schulz & Maier. Dabei steht x für 100 verkaufte Produkte und f(x) für den Gewinn in 1 000 Euro. Der kaufmännische Assistent Tom soll die Funktion für eine Vorstandssitzung auswerten und in Worte fassen.
Erstelle zunächst eine Wertetabelle von f, zeichne dann den Funktionsgraphen und schreibe darauf basierend eine Auswertung für die Vorstandssitzung. Arbeite in deinem Heft.

J. Felten/P. Felten: Mathematik berufsbezogen 9/10 © Auer Verlag

4.3 Lineare Funktionen (Medizinisch-technische/-r Laboratoriums-assistent/-in)

Was machen eigentlich medizinisch-technische Laboratoriumsassistenten/-assistentinnen?

Medizinisch-technische Laboratoriumsassistenten/-assistentinnen erheben medizinische Daten und dokumentieren diese, sodass sie von Ärzten weiterverwendet werden können. Sie entnehmen dazu Blut, Speichel oder Gewebe von Patienten und untersuchen diese auf ihre Beschaffenheit, um mögliche Krankheiten aufzudecken. Dazu führen sie mit den Proben im Labor verschiedene Tests durch.

1. Jerome werden zwei Blutzuckerwerte einer Patientin mitgeteilt:

morgens nüchtern → 95 mg/dl

nach 1 Stunde → 185 mg/dl

Jerome vermutet, dass die Blutzuckerkurve konstant ansteigt. Arbeite in deinem Heft.

a) Zeichne den Blutzuckergraphen in ein geeignetes Koordinatensystem.

b) Lies die Steigung am Graphen ab und überprüfe deine Ergebnisse mithilfe der Steigungsberechnung.

c) Stelle eine Funktionsgleichung für Jeromes Vermutungen auf.

d) Berechne die Blutzuckerwerte der Patientin zu folgenden Zeitpunkten:

① nach 15 Minuten ② nach 30 Minuten ③ nach 60 Minuten ④ nach 90 Minuten

e) Nach 2 Stunden beträgt der Blutzuckerwert 120 mg/dl. Begründe mit diesem Wert, ob es sich bei dem Blutzuckerwachstum um eine lineare Funktion handelt oder nicht.

2. Jasmin arbeitet als medizinisch-technische Laboratoriumsassistentin und untersucht die Krankheitserreger einer ihr unbekannten Krankheit. Sie hat Folgendes herausgefunden:

Am ersten Tag lag die Anzahl der Leukozyten bei 4 000/µl, am zweiten Tag bei 8 000/µl und am dritten Tag bei 12 000/µl. Arbeite in deinem Heft.

a) Zeichne den Leukozytengraphen in ein geeignetes Koordinatensystem.

b) Um welche Art von Funktion handelt es sich? Begründe deine Antwort.

c) Stelle die Funktionsgleichung für das Wachstum der Leukozyten auf.

d) Berechne die Leukozytenwerte am siebten, zehnten und 14. Tag.

3. In einem Seminar hat Jerome gelernt, dass die Lebenserwartung seit mehr als 165 Jahren steigt. Der Anstieg verläuft linear, was nicht auf eine Begrenzung der menschlichen Lebenserwartung hindeutet. Berechne und notiere in deinem Heft.

a) Erkläre in diesem Zusammenhang, was ein linearer Anstieg ist.

b) Begründe, warum es bei einem linearen Anstieg der menschlichen Lebenserwartung keine Begrenzung nach oben gäbe.

c) Angenommen, vor 165 Jahren wurden Mitteleuropäer im Schnitt 61 Jahre alt und heute werden Mitteleuropäer im Schnitt 92 Jahre alt.
Berechne: Welche Steigung liegt dann der menschlichen Lebenserwartung zugrunde? Wie alt würden demnach Mitteleuropäer in 1 000 Jahren werden?

4.4 Quadratische Funktionen (Beton- und Stahlbetonbauer/-in)

Was machen eigentlich Beton- und Stahlbetonbauer/-innen?

Fast alle Gebäude oder Konstruktionen werden mithilfe von Beton oder Stahlbeton gebaut. Dieser wird von Beton- und Stahlbetonbauer/-innen hergestellt und transportfähig gemacht. Außerdem bauen sie Beton- und Stahlbetonkonstruktionen, welche für den Bau von Häusern, großen Hallen oder Brücken benötigt werden. Dabei müssen die

Vorgaben von Architekten genau beachtet werden. Brücken werden oft so konstruiert, dass sie sich durch eine quadratische Funktion beschreiben lassen.

1. Gegeben ist die Funktion $f(x) = -0{,}5(x - 2)^2 + 2$, (x in Metern), welche nach den Aufzeichnungen einer Stadtverwaltung die Form eines städtischen Tunnels angibt. Der Tunnel wird von dem zugehörigen Graphen oberhalb der x-Achse beschrieben. Es ist geplant, unter dem Tunnel eine Straße zu bauen. Ole bestimmt die Breite, die diese Straße haben könnte. Arbeite in deinem Heft.

2. Fenia muss für die Planung einer Brückenkonstruktion die gegebenen Voraussetzungen der Brücke verarbeiten und eine Gleichung erstellen, welche die Form der Brücke beschreibt. Die Brücke soll folgende Eigenschaften aufweisen:

   ① Die Brücke soll die Form einer Parabel haben.

   ② Die Brücke soll an der höchsten Stelle 3 m hoch sein.

   ③ Die Brücke soll eine horizontale Länge von 8 m besitzen.

   Stelle eine mögliche Funktionsgleichung in deinem Heft auf, die den Verlauf der Brücke beschreibt.

3. Das Unternehmen BSA für Beton- und Stahlbetonarbeiten bekommt von einem Architekten die Vorgabe, das Material für eine Brücke mit der Form $f(x) = -\frac{1}{90}(x - 3)^2 + 0{,}1$ (x in 100 m) mit $0 \leq x \leq 6$ herzustellen. Arbeite in deinem Heft.

a) Zeichne den Graphen von f in ein geeignetes Koordinatensystem. Skaliere die y-Achse in 0,02er-Schritten.

b) Für die Brücke sollen im Abstand von 50 m Stützen angebracht werden, die den Boden mit der Brücke verbinden. Berechne die Höhen der einzelnen Stützen.

Beispiel/Skizze:

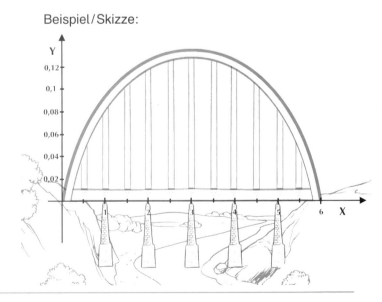

J. Felten/P. Felten: Mathematik berufsbezogen 9/10
© Auer Verlag

4.5 Hyperbeln (Elektroniker-/in)

Was machen eigentlich Elektroniker/-innen?

Elektroniker/-innen kennen sich besonders gut mit der Stromversorgung, der Verkabelung, der Elektronik und vielem mehr aus. Ihr Beruf ist in viele verschiedene Fachgebiete aufgeteilt. Alle jedoch arbeiten mit Größen aus der Elektrotechnik und müssen diese mit Formeln berechnen oder auch zeichnerisch darstellen. In Versorgungsunternehmen erheben sie zudem statistische Werte.

1. Das Ohm'sche Gesetz besagt, dass es einen Zusammenhang zwischen der elektrischen Spannung U, der elektrischen Stromstärke I und dem elektrischen Widerstand R gibt. Es gilt: $R = \frac{U}{I}$. Hendrik möchte diesen Zusammenhang veranschaulichen. Er arbeitet mit einer Spannung von 10 Volt. Arbeite in deinem Heft.

a) Stelle an einem Graphen dar, wie die Stromstärke den elektrischen Widerstand (bei U = 10 Volt) beeinflusst.

b) Lies dem Graphen aus Aufgabe 1a) den elektrischen Widerstand für die Stromstärken 1, 5 und 10 Ampere ab.

2. Für das Ohm'sche Gesetz kann eine sogenannte Netztafel angefertigt werden (siehe Abbildung). In dieser kann Nadja das Verhältnis zwischen R und I bei einer gegebenen Spannung ablesen. Arbeite in deinem Heft.

a) Die Graphen in der Netztafel haben alle einen ähnlichen Verlauf. Gib an, wie man Graphen dieser Form nennt.

b) Beschreibe den Verlauf der vier Graphen.

c) Erläutere, was man mithilfe dieser Graphen ablesen kann.

d) Jakob möchte für eine Elektroinstallation wissen, wie hoch der Widerstand bei 20 V und 5 A ist. Bestimme die Antwort mithilfe der Netztafel.

e) Tilda möchte für eine Elektroinstallation wissen, wie hoch die Stromstärke bei einem Widerstand von 20 Ohm und einer Spannung von 30 Volt ist. Bestimme die Antwort mithilfe der Netztafel.

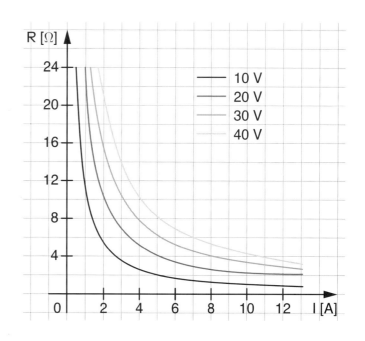

J. Felten/P. Felten: Mathematik berufsbezogen 9/10
© Auer Verlag

4.6 Periodische Vorgänge (Medizinisch-technische/-r Assistent/-in für Funktionsdiagnostik)

Was machen eigentlich medizinisch-technische Assistenten/Assistentinnen für Funktionsdiagnostik?

Um die menschlichen Körperfunktionen zu messen, werden entsprechende medizinische Geräte verwendet. Diese werden von medizinisch-technischen Assistenten/Assistentinnen bedient und gewartet. Mit diesen Geräten wird zum Beispiel der Zustand von Herz, Blutgefäßen, Lunge und Muskulatur gemessen. Nachdem sie die Messungen mit den Patienten durchgeführt haben, werten medizinisch-technische Assistenten/Assistentinnen diese Messdaten aus.

1. Mara muss die Herzfunktion eines Patienten überprüfen. Dazu lässt sie ein EKG schreiben und muss dieses hinterher auswerten. Arbeite in deinem Heft.

a) Ist der Graph periodisch oder nicht? Begründe deine Antwort.

b) Erkläre, was periodische Vorgänge sind.

c) Beschreibe, wie Mara Auffälligkeiten im EKG erkennen kann.

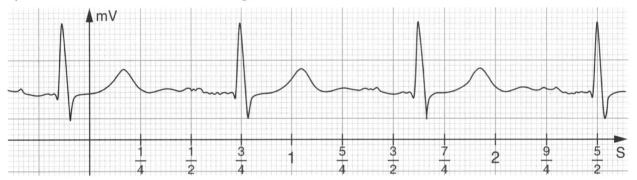

2. Um das Gehör von Patienten zu untersuchen, braucht Max Grundkenntnisse darüber, wie ein Ton aufgebaut ist. Er weiß, dass es sich bei Tönen um Schwingungen handelt, die sich periodisch wiederholen: je schneller die Wiederholung, desto höher der Ton.

Welcher Graph zeigt den höchsten, welcher den mittleren und welcher den niedrigsten Ton? Arbeite in deinem Heft.

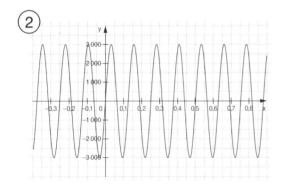

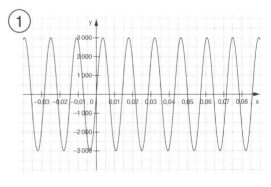

J. Felten/P. Felten: Mathematik berufsbezogen 9/10
© Auer Verlag

4.7 Trigonometrische Funktionen (Biologielaborant/-in)

Was machen eigentlich Biologielaboranten/ Biologielaborantinnen?

Biologielaboranten/Biologielaborantinnen arbeiten im Labor und untersuchen dort verschiedene biologische Organismen wie Pflanzen, Zellkulturen oder auch Tiere. Sie testen die Reaktion dieser Organismen auf verschiedene Substanzen. Außerdem untersuchen sie das Verhalten von Bakterien und Keimen und arbeiten so an der medizinischen Forschung mit. Beispielsweise werden so das Wachstumsverhalten von Krankheitserregern und die (Neben-)Wirkungen von Medikamenten auf die Erreger und Tiere untersucht.

1. Charlotte untersucht im Labor die Auswirkungen eines Medikamentes auf die Herzfrequenz von Mäusen. Mäuse haben eine Herzfrequenz von 600, was bedeutet, dass ihr Herz in 1 Minute ca. 600-mal schlägt. Arbeite in deinem Heft.
   a) Wie viel Zeit vergeht zwischen zwei Herzschlägen von Mäusen?
   b) Welche Periodenlänge hat der Vorgang?
   c) Zeichne den Herzschlag von Mäusen als Sinuskurve mit beliebiger Amplitude.
   d) Nach Verabreichung des Medikamentes beträgt die Herzfrequenz nur noch 500. Zeichne dafür ebenfalls eine entsprechende Sinuskurve.

2. Toni untersucht die Wirkungen von Tönen auf Pflanzen. Er weiß, dass es sich bei Tönen um Schwingungen handelt, die man als Sinuskurve darstellen kann. Die Amplitude gibt dabei an, wie laut der Ton ist. Die Frequenz gibt an, wie hoch der Ton ist.
   Toni beschallt vier gleiche Pflanzen jeweils mit vier verschiedenen Tönen, welche durch die Kurve der folgenden Terme dargestellt werden:

   (1) $3\sin(2x - 1)$ (2) $5\sin(10x)$ (3) $0{,}2\sin\left(3\left(x - \frac{\pi}{8}\right)\right)$ (4) $\sin(4x)$

   a) Ordne die Terme in deinem Heft der entsprechenden Tonhöhe nach.
   b) Ordne die Terme in deinem Heft der entsprechenden Lautstärke nach.
   c) Veranschauliche die Terme durch einen Graphen. Arbeite in deinem Heft.

3. Charlotte hat den Herzschlag einer Ratte vor und nach der Verabreichung eines Medikamentes gemessen und dazu folgende Graphen gezeichnet. Arbeite in deinem Heft.

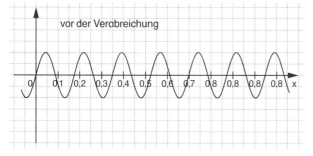

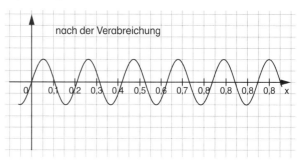

   a) Gib die ungefähren Periodenlängen der Funktionen an. Welche Bedeutung haben diese?
   b) Berechne jeweils die Anzahl der Herzschläge pro Minute.
   c) Beschreibe die Auswirkungen des Medikamentes auf die Anzahl der Herzschläge.

J. Felten/P. Felten: Mathematik berufsbezogen 9/10
© Auer Verlag

4.8 Exponentialfunktionen im Labor (Biologielaborant/-in)

Was machen eigentlich Biologielaboranten/Biologielaborantinnen?

Biologielaboranten/Biologielaborantinnen arbeiten im Labor und untersuchen dort verschiedene biologische Organismen wie Pflanzen, Zellkulturen oder auch Tiere. Sie testen die Reaktion dieser Organismen auf verschiedene Substanzen. Außerdem untersuchen sie das Verhalten von Bakterien und Keimen und arbeiten so an der medizinischen Forschung mit. Beispielsweise werden so das Wachstumsverhalten von Krankheitserregern und die (Neben-)Wirkungen von Medikamenten auf die Erreger und Tiere untersucht.

1. Bakterien vermehren sich in der Regel exponentiell. Folgender Graph zeigt eine Bakterienkultur, die von Flora untersucht wurde. Arbeite in deinem Heft.

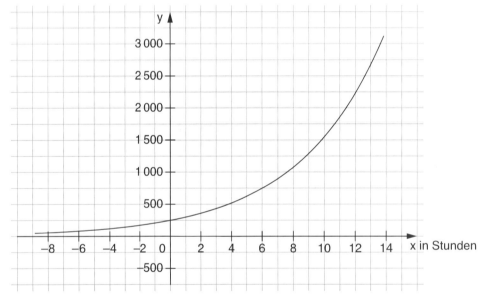

a) Lies dem Graphen ab, wie viele Bakterien zum Untersuchungsbeginn x = 0 vorhanden waren.

b) Lies dem Graphen ab, wie viele Bakterien nach 2, 5 bzw. 10 Stunden vorhanden waren.

c) Lies ab, nach welcher Zeit sich die Bakterienkultur auf 3 250 Exemplare vergrößert hat.

d) Stelle eine Funktionsgleichung auf, welche das Wachstum der Bakterienkultur beschreibt.

e) Berechne mithilfe der Funktionsgleichung, wie viele Bakterien nach 2 Tagen vorhanden sind.

2. Leon untersucht eine Bakterienkultur, deren Anzahl sich stündlich verdoppelt. Zu Beginn sind 3100 Bakterien vorhanden. Arbeite in deinem Heft.

a) Gib eine Funktionsgleichung an, die das Wachstum der Bakterienkultur beschreibt.

b) Berechne, wie viele Bakterien nach 1, 2, 3 und 5 Stunden vorhanden sind.

c) Zeichne den Graphen der Funktion.

d) Leon will wissen, ab wann 10 Millionen bzw. 20 Millionen Bakterien existieren. Erstelle eine Wertetabelle mit Funktionswerten, die darüber Aufschluss gibt.

J. Felten/P. Felten: Mathematik berufsbezogen 9/10
© Auer Verlag

4.9 Exponentialfunktionen bei der Zinsrechnung (Bankkaufmann/-frau)

Was machen eigentlich Bankkaufleute?

Bankkaufleute betreuen Bankkunden beim Führen ihrer Konten und bei vielen anderen Geldangelegenheiten. Sie kümmern sich um die ordentliche Abwicklung und beraten bei wichtigen Entscheidungen. So empfehlen sie auch Bausparverträge, Lebensversicherungen oder Kredite. Für Konten, die sie betreuen, müssen sie die Zinsen berechnen und langfristige Zinspläne erstellen.

1. Bankkauffrau Lisa ist für das Konto von Frau Gelb zuständig. Frau Gelbs Kapital beträgt zurzeit 15 000 Euro und wird mit 1,5 % verzinst. Zur Berechnung des Kontostands nach x Jahren verwendet Lisa die Funktion $f(x) = 15\,000 \cdot 1{,}015^x$. Arbeite in deinem Heft.

a) Berechne mithilfe von f den Kontostand nach 1 Jahr.

b) Erstelle eine Wertetabelle, der man das Kapital nach 1 bis 10 Jahren ablesen kann.

c) Lisa möchte die Kapitalentwicklung grafisch darstellen, um sie ihrer Kundin zu präsentieren. Zeichne einen geeigneten Funktionsgraphen.

2. Mithilfe der Funktion $K(x) = K_0 \cdot (1 + p\,\%)^x$ berechnet Max das Kapital eines Sparkontos nach x Jahren. Arbeite in deinem Heft.

a) Erläutere die Bedeutung der Werte K_0 und $p\,\%$ im Funktionsterm.

b) Bestimme die Funktionsgleichung für ein Anfangskapital von 3000 Euro und einem Zinssatz von 3 %.

c) Berechne mithilfe einer geeigneten Funktion das Kapital nach 5, 10 und 20 Jahren, wenn der Zinssatz 2 % und $K_0 = 10\,000$ € beträgt.

d) Bestimme eine geeignete Gleichung, wenn auf dem Konto zu Beginn 1500 Euro und nach einem Jahr 1515 Euro verbucht wurden.

3. Tim verwaltet die zwei Sparbücher A von Herrn Stroh und B von Frau Müller. Auf Sparbuch A befinden sich 3100 Euro, die mit einem Zinssatz von 1,5 % verzinst werden. Auf Sparbuch B befinden sich 3000 Euro, die mit einem Zinssatz von 2,2 % verzinst werden. Tim nutzt die Funktionen $K_A(x) = 3100 \cdot 1{,}015^x$ und $K_B(x) = 3000 \cdot 1{,}022^x$ für die Kontoverwaltung.
Bei der Buchführung ordnete Tim stets das Konto mit dem höheren Betrag Herrn Stroh zu, ohne die Namen der Kontoinhaber genau zu überprüfen, da Herr Stroh zu Beginn 100 Euro mehr auf dem Konto hatte als Frau Müller.
Nach 8 Jahren erkundigen sich Herr Stroh und Frau Müller über den Stand ihrer Konten und Tim muss feststellen, dass Frau Müller plötzlich mehr Geld auf dem Konto hat als Herr Stroh und seine Annahme somit falsch war. Berechne, seit wann das Kapital von Frau Müller höher ist als das Kapital von Herrn Stroh.

J. Felten / P. Felten: Mathematik berufsbezogen 9/10
© Auer Verlag

5.1 Daten und Zufall im Fitnessstudio (Sport- und Fitnesskaufmann/ -frau)

Was machen eigentlich Sport- und Fitness-kaufleute?

Sport- und Fitnesskaufleute übernehmen vielseitige Aufgaben in einem Sport- oder Fitnessbetrieb und sind zudem sehr sportlich. Sie arbeiten kundenorientiert, betreuen Kurse oder arbeiten mit einzelnen Kunden an spezifischen Sportgeräten. Sie erstellen Trainingspläne, beraten zu Gesundheitsangeboten und sind stets der/die Ansprechpartner/-in für ihre Kunden. Zudem arbeiten sie häufig mit Tabellen, die sie auswerten und dem Kunden erklären.

1. Mathilda ist eine Sport- und Fitnesskauffrau und führt gerade die Aktion „Fit für die Sommerfigur" in ihrem Fitnessstudio durch. Dafür haben sich sieben Kunden gemeldet, die bereits innerhalb der ersten vier Wochen folgende Gewichtsabnahmen erreicht haben:

   Peter: −8,7 kg   Silvia: −5,3 kg   Bernd: −4,3 kg   Mia: −11,2 kg
   Cem: −10,6 kg   Klaus: −16,4 kg   Gisela: −6,8 kg

   a) Berechne in deinem Heft den Durchschnittswert, den alle Kunden zusammen innerhalb der ersten vier Wochen abgenommen haben.

   b) Cems Gewichtsabnahme teilt sich folgendermaßen auf:
   1. Woche: −3,2 kg   2. Woche: −3,7 kg   3. Woche: −2,9 kg   4. Woche: −0,8 kg
   Erstelle in deinem Heft ein passendes Säulendiagramm, das darstellt, wie viel Cem wöchentlich abgenommen hat.

2. Henry ist Personaltrainer in einem Fitnessstudio. Er soll für zwei Kundinnen einen Fitnessplan anhand der Tabelle unten erstellen.
   Louise Müller wiegt momentan 70 kg und möchte vier Mal wöchentlich 1,5 Stunden trainieren. Tina Döng wiegt momentan 90 kg und möchte dreimal pro Woche 1 Stunde trainieren. Erstelle für beide jeweils einen möglichen Trainingsplan, um pro Woche mindestens 2000 kcal zu verbrennen.

Kalorienverbrauch (in kcal) nach 15 Minuten						
Aktivität **Gewicht**	**50 kg**	**60 kg**	**70 kg**	**80 kg**	**90 kg**	**100 kg**
Squash	164	195	226	264	295	326
Seilspringen	126	150	177	203	228	263
Skifahren (alpin)	116	132	153	171	198	220
Wandern	110	133	153	177	197	219
Schwimmen (1,5 km/h)	105	126	150	174	202	225
Joggen (9 km/h)	100	125	150	175	200	225
Inlineskaten	90	109	127	144	163	180
Rasen mähen	87	104	121	140	157	174
Aerobic	81	96	112	127	144	160
Radfahren (15 km/h)	78	93	109	124	140	155
Federball	76	90	105	121	135	149
Walken	62	74	87	99	112	124

5.2 Daten und Zufall im Autohaus (Automobilkaufmann/-frau)

Was machen eigentlich Automobilkaufleute?

Automobilkaufleute kümmern sich um den Verkauf von Kraftfahrzeugen und Ersatzteilen. Dazu müssen sie über die Wertentwicklung einzelner Fahrzeuge genau informiert sein. Weiter organisieren sie die Personalangelegenheiten in ihrem Autohaus und führen Kundengespräche bezüglich Autoreparaturen durch, schreiben Rechnungen und übernehmen die Buchhaltung. Die Entwicklungen in der Automobilproduktion spielen für ihre Arbeit eine entscheidende Rolle.

1. Yusuf ist als Automobilkaufmann tätig. Er hat auf Grundlage folgender Tabelle im Jahr 2018 die Bezugsmengen an Autos in seiner Firma ändern lassen. Heute soll er in einer Konferenz begründen, warum er sich damals dafür entschieden hat.

a) Schau dir die Tabelle genau an und mache dir in deinem Heft kurze Notizen zu den wichtigsten Informationen.

b) Yusuf hatte sich damals dafür entschieden, sich auf Großraum-Vans und Utilities, also auf familienfreundliche Fahrzeuge, zu spezialisieren. Bereite in deinem Heft ein kurzes Statement vor, dass die damaligen Inlandsproduktionen gut darstellt, und erkläre darin, warum Yusuf sich auf diese Pkws spezialisiert hat.
Außerdem hat er den Verkauf von Kompakt- und Mittelklassewagen fortgeführt. Begründe deine Meinung überzeugend.

Inlandsproduktion	2016	2017	Veränderung in %
Insgesamt	5 708 138	5 746 808	0,7
Mini	55 354	52 699	−4,8
Kleinwagen	427 981	401 508	−6,2
Kompaktklasse	1 718 632	1 619 828	−5,7
Mittelklasse	1 193 366	1 183 360	−0,8
obere Mittelklasse	600 021	569 820	−5,0
Oberklasse	214 352	192 080	−10,4
Geländewagen	956 567	1 198 091	25,2
Sportwagen	133 249	113 668	−14,7
Mini-Vans	182 144	130 256	−28,5
Großraum-Vans	131 910	173 429	31,5
Utilities	85 141	99 182	16,5
Sonstige	9 421	12 887	36,8

5.3 Arithmetisches Mittel (Veranstaltungskaufmann/-frau)

Was machen eigentlich Veranstaltungskaufleute?

Veranstaltungskaufleute planen Veranstaltungen und kümmern sich um die Durchführung. Je nach Veranstaltungsart planen sie entsprechend der Kundenwünsche. Dabei werben sie möglichst viele Teilnehmer. Ebenso fällt die finanzielle Vor- und Nachbereitung in ihren Aufgabenbereich, also auch das Kalkulieren der

Kosten und Einnahmen. In Bezug auf das Qualitätsmanagement überprüfen sie nach der Veranstaltung die Zufriedenheit der Teilnehmer.

1. Jan wiederholt in der Berufsschule das arithmetische Mittel. Dazu soll er zunächst aufschreiben, wofür man das arithmetische Mittel in seinem Beruf benötigt.

a) Erkläre in deinem Heft, wozu Veranstaltungskaufleute das arithmetische Mittel verwenden können.

b) Bestimme in deinem Heft den Notendurchschnitt der letzten Mathearbeit in Jans Berufsschulklasse.

1	2	3	4	5	6	Ø
1	1	4	11	1	1	

2. Greta ist Veranstaltungskauffrau und betreut für einen Kunden eine viertägige Veranstaltungsreihe. Arbeite in deinem Heft.

a) Berechne die durchschnittliche Besucheranzahl der Veranstaltungsreihe pro Tag.

1. Tag: 586 Besucher
2. Tag: 1 852 Besucher

3. Tag: 752 Besucher
4. Tag: 1 155 Besucher

b) Insgesamt wurde innerhalb der vier Tage ein Umsatz von 859 562,00 Euro erzielt. Ermittle den durchschnittlichen Pro-Kopf-Umsatz.

c) Die viertägige Veranstaltung kostete den Veranstalter 368 581,59 Euro. Berechne den durchschnittlichen Gewinn, den der Veranstalter mit jedem Besucher verdient hat.

3. Karl ist Veranstaltungskaufmann. Für die Planung von drei Veranstaltungen steht seinem Unternehmen ein Budget von 25 368,00 Euro zur Verfügung. Karl muss die Kosten genau planen. Berechne und notiere in deinem Heft.

a) Berechne, wie viel jede Veranstaltung kosten darf.

b) Die erste Veranstaltung kostete 11 257,58 Euro. Wie viel dürfen die beiden anderen Veranstaltungen dann noch jeweils kosten?

c) Leider konnte Karl die Kosten für die zweite Veranstaltung nicht so gering halten wie geplant. Somit hat er nur noch 5 265,28 Euro für die dritte Veranstaltung zur Verfügung. Wie viel kostete die zweite Veranstaltung?

J. Felten/P. Felten: Mathematik berufsbezogen 9/10
© Auer Verlag

5.4 Laplace-Wahrscheinlichkeiten bei Versicherungen (Kaufmann/-frau für Versicherungen und Finanzen)

Was machen eigentlich Kaufleute für Versicherungen und Finanzen?

Je nach Fachrichtung beraten Kaufleute für Versicherungen und Finanzen über existierende Versicherungen und erstellen für den jeweiligen Kunden passende Angebote. Zudem beraten sie andererseits über Möglichkeiten der Finanzanlagen und des Vermögensaufbaus. In beiden Fällen stehen sie Kunden beratend zur Seite, organisieren Vertragsabschlüsse und erklären Vertragskonditionen.

1. Tim ist Kaufmann für Versicherungen und Finanzen und soll eine Kreditanfrage abschließend bewerten. Er ist dafür zuständig die Wahrscheinlichkeit der problemlosen Rückzahlung des Krediters einzustufen. Arbeite in deinem Heft.

a) Das Ehepaar Meier möchte gerne einen Privatkredit in Höhe von 65 500 Euro aufnehmen. Um die Wahrscheinlichkeit der Rückzahlung genauestens prognostizieren zu können, sucht Tim aus dem Kundenbestand alle Kunden heraus, die eine ähnliche Lebenssituation und einen Kredit in dieser Höhe aufgenommen haben: Insgesamt 27 596 Kunden fallen in dieses Raster, wovon 18 268 Kunden ihren Kredit pünktlich und ordnungsgemäß zurückbezahlt haben.
Berechne die Wahrscheinlichkeit, dass Familie Meier ihren Kredit ebenso ordnungsgemäß zurückzahlen kann.

b) Nun hat sich bei dem Einkommen des Ehepaares Meier etwas geändert. Frau Meier kann in der nächsten Zeit nicht arbeiten, da sie schwanger ist und somit ihr Gehalt für ein Jahr wegfallen wird. Aus den Vergleichswerten der anderen Kunden ist ersichtlich, dass von den 8 230 Kunden, die ebenfalls ein Kind bekamen, 3 400 den Kredit ordnungsgemäß zurückbezahlt haben. Wie hoch ist nach diesen Daten die Wahrscheinlichkeit für eine ordnungsgemäße Rückzahlung durch das Ehepaar Meier?

c) Sowohl Herr als auch Frau Meier sind bereits seit 25 Jahren Kunden dieser Bank und haben immer alle Raten früherer Kredite ordnungsgemäß bezahlt. Wie würdest du an Tims Stelle bei seinem Vorgesetzten argumentieren? Formuliere deine Aussage.

2. Linda ist Kauffrau für Versicherungen und Finanzen und soll für eine Versicherung die Wahrscheinlichkeit von Blitzeinschlägen in Häusern für ein bestimmtes Wohngebiet berechnen.
Dafür recherchiert sie folgende Ergebnisse als Grundlage: In dem besagten Gebiet wurden in den letzten 25 Jahren insgesamt 528 Blitzeinschläge gemeldet, 42 % dieser Blitzeinschläge wurden innerhalb der letzten fünf Jahre gemeldet.
Berechne und notiere in deinem Heft.

a) Wie viele Blitzeinschläge gab es in den letzten fünf Jahren in diesem Gebiet?

b) Wie viele Blitzeinschlägen gab es innerhalb eines Jahres durchschnittlich, wenn Linda von den Vergleichszahlen der letzten fünf Jahre ausgeht?

c) Blitzableiter würden das Risiko um 82 % minimieren und sollen daher in diesem Wohngebiet installiert werden. Wie viele Häuser wären dann noch innerhalb eines Jahres betroffen?

J. Felten/P. Felten: Mathematik berufsbezogen 9/10
© Auer Verlag

5.5 Laplace-Wahrscheinlichkeiten bei Veranstaltungen (Veranstaltungskaufmann/-frau)

Was machen eigentlich Veranstaltungskaufleute?

Veranstaltungskaufleute planen Veranstaltungen und kümmern sich um die Durchführung. Je nach Veranstaltungsart planen sie entsprechend der Kundenwünsche. Dabei werben sie möglichst viele Teilnehmer. Ebenso fällt die finanzielle Vor- und Nachbereitung in ihren Aufgabenbereich, also auch das Kalkulieren der Kosten und Einnahmen. In Bezug auf das Qualitätsmanagement überprüfen sie nach der Veranstaltung die Zufriedenheit der Teilnehmer.

1. Leon ist Veranstaltungskaufmann und möchte auf einer Veranstaltung eine Tombola organisieren. Dafür darf jeder Besucher am Glücksrad drehen und danach eventuell ein Glückslos ziehen. Auf dem Glücksrad sind zwölf Einteilungen, bei denen es fünf Nieten, drei Losfelder und vier Sofortgewinne gibt. Berechne und notiere in deinem Heft.

a) Mit welcher Wahrscheinlichkeit dreht ein Besucher eine Niete, einen Sofortgewinn und ein Losfeld?

b) Es werden ca. 3000 Besucher erwartet. Wie viele Besucher landen beim Glücksrad auf einer Niete, wie viele auf einem Sofortgewinn und wie viele auf einem Losfeld?

c) Jedes dritte Los gewinnt. Wie viele Besucher gewinnen bei den Losen?

d) Leon möchte für die Tombola eine Kostenaufstellung erstellen. Ein Losgewinn kostet sein Unternehmen 17,86 Euro und ein Sofortgewinn 6,35 Euro. Mit welchen Kosten kann Leon kalkulieren, wenn er mit den besagten 3000 Besuchern rechnet?

2. Leni arbeitet für „die Tafel" und möchte zu einer Glücksrad-Spendenaktion aufrufen. Auf dem Glücksrad sind zwölf Einteilungen, in denen jeweils ein Betrag steht, den die drehende Person spenden kann. Berechne und notiere in deinem Heft.

a) Es sollen drei Beträge auf jeweils vier gleichen Felder vorkommen, deren Zahlen jeweils durch fünf teilbar sind und den Wert 15 Euro nicht überschreiten. Welche Zahlen stehen auf den Feldern?

b) Mit welcher Wahrscheinlichkeit werden die einzelnen Beträge jeweils gedreht?

c) Leni rechnet mit 500 Besuchern. Mit welchem Betrag kann sie an diesem Spendentag rechnen, wenn alle Besucher ein Mal drehen?

d) Mit welchem Betrag kann sie rechnen, wenn alle Besucher dreimal hintereinander drehen und diese drei Beträge addiert spenden?

e) Leni möchte 3000 Euro an Spenden einnehmen. Wie viele Male müsste dann jeder Besucher drehen?

f) Wie viele Besucher müssten zur Glücksrad-Aktion kommen, um eine Spendensumme von 18000 Euro zu sammeln?

J. Felten/P. Felten: Mathematik berufsbezogen 9/10 © Auer Verlag

5.6 Baumdiagramm (Veranstaltungskaufmann/-frau)

Was machen eigentlich Veranstaltungskaufleute?

Veranstaltungskaufleute planen Veranstaltungen und kümmern sich um die Durchführung. Je nach Veranstaltungsart planen sie entsprechend der Kundenwünsche. Dabei werben sie möglichst viele Teilnehmer. Ebenso fällt die finanzielle Vor- und Nachbereitung in ihren Aufgabenbereich, also auch das Kalkulieren der Kosten und Einnahmen. In Bezug auf das Qualitätsmanagement überprüfen sie nach der Veranstaltung die Zufriedenheit der Teilnehmer.

1. Rouven veranstaltet für einen Sportverein eine große Feier. In diesem Rahmen spielen zwei Fußballteams, die Jugendlichen (J) und die Erwachsenen (E), insgesamt drei Spiele gegeneinander. Aus den Vorjahren weiß man, dass die Erwachsenen eine Gewinnquote von $\frac{2}{3}$ haben.

   a) Rouven erstellt folgendes Baumdiagramm:
   Übertrage das Baumdiagramm in dein Heft und ergänze die zugehörigen Wahrscheinlichkeiten.

   b) Berechne die folgenden Wahrscheinlichkeiten in deinem Heft:

   (1) Die Jugendlichen gewinnen alle Spiele.

   (2) Die Erwachsenen gewinnen alle Spiele.

   (3) Die Erwachsenen gewinnen genau zwei Spiele.

   (4) Die Erwachsenen gewinnen genau ein Spiel.

   (5) Die Jugendlichen gewinnen mindestens zwei Spiele.

   (6) Die Jugendlichen gewinnen mindestens ein Spiel.

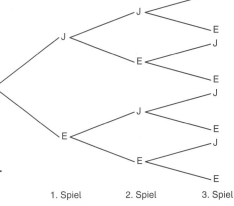

1. Spiel   2. Spiel   3. Spiel

J: Die Jugendlichen gewinnen.
E: Die Erwachsenen gewinnen.

2. Amelie entwirft für eine Messe folgendes Spiel für einen Autohändler:
   Zunächst wird ein Glücksrad gedreht, welches festlegt, was ein darauffolgender Münzwurf bringt. Das Glücksrad ist in fünf unterschiedlich große Kreissektoren eingeteilt.

   (1) 130°; Kopf: Spielzeugauto ($\triangleq$ 5 Euro); Zahl: kein Gewinn

   (2) 95°; Kopf: Auszahlung 20 Euro; Zahl: Auszahlung 10 Euro

   (3) 70°; Kopf: Jahresabo einer Autozeitschrift ($\triangleq$ 60 Euro); Zahl: kein Gewinn

   (4) 60°; Kopf: Auszahlung 50 Euro; Zahl: Auszahlung 20 Euro

   (5) 5°; Kopf: wiederholter Münzwurf, nochmals Kopf: Gewinn eines Autos ($\triangleq$ 21 000 Euro); Zahl im 1. oder 2. Wurf: kein Gewinn

   a) Berechne in deinem Heft die Wahrscheinlichkeit, das Auto zu gewinnen.

   b) Berechne in deinem Heft die Wahrscheinlichkeit, irgendetwas zu gewinnen.

   c) Berechne in deinem Heft, welcher Einsatz (= Beitrag der Messebesucher) für dieses Spiel fair wäre.

J. Felten/P. Felten: Mathematik berufsbezogen 9/10
© Auer Verlag

5.7 Kombinatorik (IT-System-Kaufmann/-frau)

Was machen eigentlich IT-System-Kaufleute?

IT-System-Kaufleute beraten ihre Kunden beim Kauf von IT-Produkten wie etwa Telefonanlagen, Computern oder der entsprechenden Software. Dazu müssen sie sich mit der Hard- und Software solcher Systeme auskennen. Dies betrifft auch die Speichergrößen von Computern und Smartphones sowie den richtigen Umgang für die nötige (Daten-)Sicherheit.

1. Viele Smartphones sind mit einem PIN aus vier Ziffern gesichert. Tom wird von einem Kunden gefragt, ob man den PIN nicht leicht erraten kann. Berechne die Anzahl der möglichen PIN-Nummern und schreibe eine Antwort an den Kunden in dein Heft.

2. Sina lernt in der Berufsschule, dass für Online-Passwörter mehr als vier Zeichen/Ziffern verwendet werden. Berechne und notiere in deinem Heft.

a) Wie viele mögliche Passwörter der Länge 8 mit den Buchstaben a–z (nur Kleinbuchstaben) gibt es?

b) Wie viele mögliche Passwörter gibt es, wenn man auch Großbuchstaben zulässt?

c) Wie viele Passwörter mit Großbuchstaben, Kleinbuchstaben und Ziffern gibt es, die eine Länge zwischen 6 und 12 haben?

3. Ella möchte wissen, wie sicher ihr Passwort ist. Ellas Passwort hat zwischen 8 und 10 Zeichen. Zulässig sind Klein- und Großbuchstaben, Ziffern und die folgenden 14 Sonderzeichen: !"§$%&/()=?_-\
Sie fragt eine IT-System-Kauffrau um Hilfe.

a) Nimmt man an, dass ein Computer eine Milliarde Passwörter pro Sekunde ausprobieren kann. Wie lange muss ein Computer dann rechnen, um alle möglichen Passwörter auszuprobieren? Arbeite in deinem Heft.

b) Was kann die IT-System-Kauffrau empfehlen, um die Sicherheit von Ellas Passwort zu erhöhen? Arbeite in deinem Heft.

4. Jon rät seinen Kunden beim Kauf eines Smartphones immer dazu, keine Informationen über den persönlichen PIN weiterzugeben. Zur Erläuterung nennt Jon seinen Kunden die folgenden statistischen Werte. Berechne und notiere in deinem Heft.

a) Wie viele vierstellige PIN-Nummern gibt es?

b) Wie viele PIN-Nummern kommen in Frage, wenn man weiß, dass alle Ziffern unterschiedlich sind?

c) Wie viele mögliche PIN-Nummern gibt es, wenn man weiß, dass es sich um ein Geburtstagsdatum handelt?

d) Wie viele mögliche PIN-Nummern gibt es, wenn man weiß, dass die erste Ziffer eine 0 ist und keine Ziffer doppelt vorkommt?

e) Wie viele mögliche PIN-Nummern gibt es, wenn die ersten drei Ziffern gleich sind?

f) Wie viele mögliche PIN-Nummern gibt es, wenn alle Ziffern gleich sind?

J. Felten/P. Felten: Mathematik berufsbezogen 9/10
© Auer Verlag

5.8 Boxplots (Elektroniker/-in)

Was machen eigentlich Elektroniker/-innen?

Elektroniker/-innen kennen sich besonders gut mit der Stromversorgung, der Verkabelung, der Elektronik und vielem mehr aus. Ihr Beruf ist in viele verschiedene Fachgebiete aufgeteilt. Alle jedoch arbeiten mit Größen aus der Elektrotechnik und müssen diese mit Formeln berechnen oder auch zeichnerisch darstellen. In Versorgungsunternehmen erheben sie zudem statistische Werte.

1. Milena hat den „Stromverbrauch" eines fünf-köpfigen Haushaltes für die Monate Januar bis Dezember notiert. Es ergeben sich folgende Daten:

Januar: 350 kWh	Mai: 302 kWh	September: 311 kWh
Februar: 290 kWh	Juni: 298 kWh	Oktober: 312 kWh
März: 390 kWh	Juli: 120 kWh	November: 320 kWh
April: 388 kWh	August: 259 kWh	Dezember: 329 kWh.

a) Ordne den „Stromverbrauch" für die einzelnen Monate der Größe nach in deinem Heft.

b) Gib die für einen Boxplot benötigten Lagemaße in deinem Heft an.

c) Zeichne einen Boxplot in dein Heft, der den „Stromverbrauch" des fünf-köpfigen Haushaltes darstellt.

d) Welche Vorteile bringt der Boxplot im Vergleich zu den einzelnen Lagemaßen? Arbeite in deinem Heft.

2. Milena ist für die Wiegandstraße zuständig. Dort stehen fünf Häuser mit folgendem „Stromverbrauch" im Jahr:

H1: 1 003 kWh

H2: 3 624 kWh

H3: 842 kWh

H4: 2 564 kWh

H5: 5 034 kWh

Zeichne einen Boxplot über den „Stromverbrauch" in der Wiegandstraße in dein Heft.

3. Emil wurde als neuer Elektroniker bei der Stadtverwaltung eingestellt. Sein Vorgänger hat Boxplots über den „Stromverbrauch" in verschiedenen Stadtbezirken* (I–IV) erstellt. Deute die Boxplots und lies ihnen möglichst viele Informationen über den städtischen „Stromverbrauch" ab.

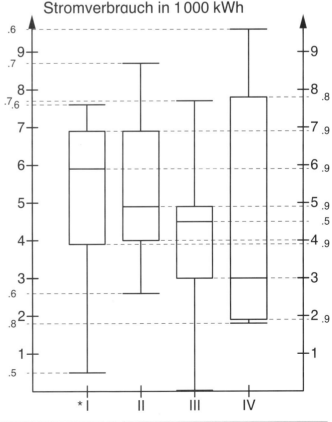

Stromverbrauch in 1 000 kWh

J. Felten/P. Felten: Mathematik berufsbezogen 9/10
© Auer Verlag

Lösungen

1.1 Grund-, Seiten- und Aufriss (Bauzeichner/-in)
S. 5

1.

Grundriss	Aufriss	Seitenriss

 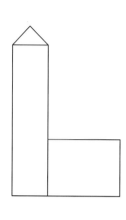 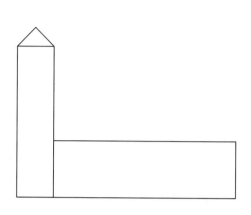

2. Schrägbild: Beispiel mit Verzerrwinkel 45° und Verzerrfaktor

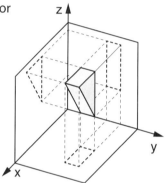

3. individuelle Lösung

1.2 Schrägbilder (Bauzeichner/-in)
S. 6

1. a) mögliche Lösungen: (1)   (2)

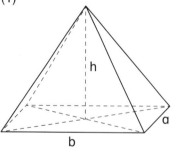 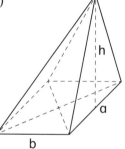

b) mögliche Lösungen: (1)   (2)

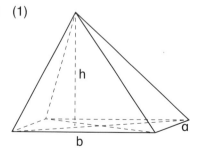 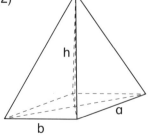

Lösungen

2. a) Schrägbild:

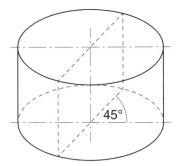

b) mögliche Lösung:
Verzerrfaktor: 0,25; Verzerrwinkel: 60°;
Maßstab: 1:100

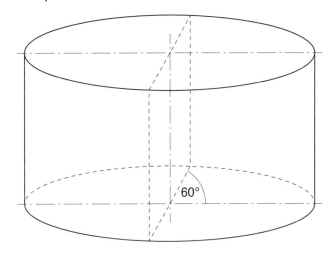

3. Schrägbild:

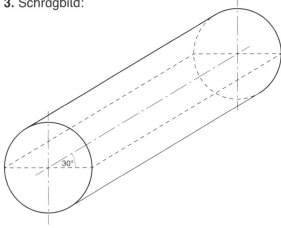

1.3 Satz des Thales (Zimmerer/Zimmerin)   S. 7

1. Zwischen den Balken muss die Zimmerin einen rechten Winkel konstruieren. So erhält sie nach dem Satz des Thales einen runden Fensterbogen.

2. Die Grundfläche des Dachbodens stellt den Durchmesser des Halbkreises dar. Die Balken beginnen je an den Durchmesserenden. Nur wenn sie sich rechtwinklig treffen, erhält man einen Halbkreis. Bei einem anderen Winkel würde man keinen Halbkreis erhalten.

3. a) $2a^2 = (4\ m)^2$

$\quad 2a^2 = 16\ m^2 \quad | : 2$

$\quad\ \ a^2 = 8\ m^2 \quad\ | \sqrt{\ }$

$\quad\quad a \approx 2,83\ m$

Die Balken brauchen eine Länge von etwa 2,8 m.

b) $2 \cdot (2\ m)^2 = b^2$

$\quad\quad 8\ m^2 = b^2 \quad\quad | \sqrt{\ }$

$\quad\quad\quad\ b \approx 2,83\ m$

Das Dach ist ungefähr 2,83 m breit.

Lösungen

4. individuelle Lösung: Beispiel:

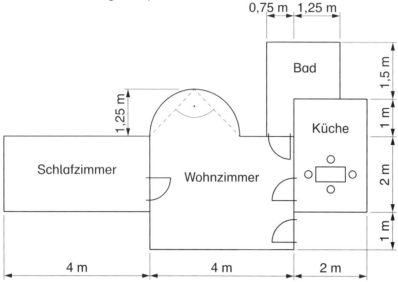

Schlafzimmer: 4 m · 2 m = 8 m²
Wohnzimmer: 4 m · 3 m + π · (1,25 m)² ≈ 12 m² + 4,91 m² ≈ 16,91 m²
Küche: 2 m · 3 m = 6 m²
Bad: 0,75 m · 1 m + 2 m · 1,5 m = 0,75 m² + 3 m² = 3,75 m²
gesamte Bodenfläche: 8 m² + 16,91 m² + 6 m² + 3,75 m² = 34,66 m²

1.4 Satz des Pythagoras in der Ebene (Gärtner/-in – Garten- und Landschaftsbau)   S. 8

1. Skizze (mit a–d):

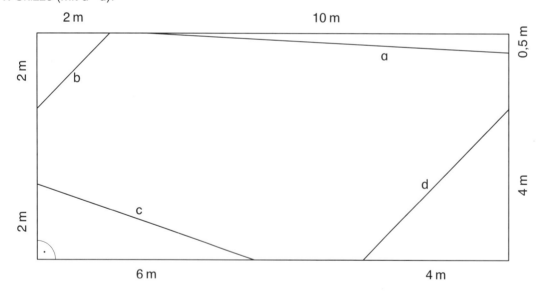

Dann gilt:

$(0,5 m)^2 + (10 m) = a^2$ $(2 m)^2 + (2 m)^2 = b^2$
$a^2 = 100,25 m^2$ $b^2 = 8 m^2$
$a \approx 10,01 m$ $b \approx 2,83 m$

$(2 m)^2 + (6 m)^2 = c^2$ $(4 m)^2 + (4 m)^2 = d^2$
$c^2 = 40 m^2$ $d^2 = 32 m^2$
$c \approx 6,32 m$ $d \approx 5,66 m$

J. Felten/P. Felten: Mathematik berufsbezogen 9/10
© Auer Verlag

Lösungen

2. Länge der Diagonale d: $\quad d^2 = (800 \text{ m})^2 + (800 \text{ m})^2$

$\qquad\qquad\qquad\qquad\qquad\quad d^2 = 1\,280\,000 \text{ m}^2$

$\qquad\qquad\qquad\qquad\qquad\quad d \approx 1\,131{,}37 \text{ m}$

Anzahl benötigter Pflanzen: d : (20 cm) = 1 131,37 m : (0,2 m) = 5 656,85

Zum Bepflanzen der gesamten Diagonale werden ca. 5 657 Nelkenpflanzen (bzw. Keimlinge) benötigt.

3. a) Nach der Umkehrung vom Satz des Pythagoras ist ein Dreieck rechtwinklig, wenn für die Seitenlängen a, b und c gilt $a^2 + b^2 = c^2$. Da $3^2 + 4^2 = 5^2$ korrekt ist, ist ein Dreieck mit den Seitenlängen 3 dm, 4 dm und 5 dm rechtwinklig.

b) Die Rechnung $a^2 + b^2 = c^2$ funktioniert ohne Verwendung der Einheit. Man kann Dezimeter durch jede beliebige Einheit ersetzen. Es bleibt: $3^2 + 4^2 = 5^2$.

4. a) Dreieck 1: 3 cm, 4 cm, 5 cm $\qquad \rightarrow a = 1$

$\qquad$ Dreieck 2: 6 km, 8 km, 10 km $\qquad \rightarrow a = 2$

$\qquad$ Dreieck 3: 15 mm, 20 mm, 25 mm $\rightarrow a = 5$

$\qquad$ Dreieck 4: 1,5 cm; 2 cm; 2,5 cm $\qquad \rightarrow a = 0,5$

$\qquad$ Dreieck 5: 0,3 m; 0,4 m; 0,5 m $\qquad \rightarrow a = 0,1$

b) Beweis: $(3a)^2 + (4a)^2 = 9a^2 + 16a^2 = 25a^2 = (5a)^2$

1.5 Satz des Pythagoras im Raum (Zimmerer/Zimmerin)   S. 9

1. a) mögliche Lösung: Maßstab 1 : 50

b) Länge des Holzbalkens b; es gilt: $(6 \text{ m})^2 + (0,7 \text{ m})^2 = b^2$

$\qquad\qquad\qquad\qquad\qquad\qquad\quad 36 \text{ m}^2 + 0,49 \text{ m}^2 = 36,49 \text{ m}^2$

$\qquad\qquad\qquad\qquad\qquad\qquad\qquad\qquad\qquad b^2 = 36,49 \text{ m}^2$

$\qquad\qquad\qquad\qquad\qquad\qquad\qquad\qquad\quad b \approx 6,04 \text{ m}$

2. Die äußeren Stützbalken a bilden mit dem Boden (Breite) ein rechtwinkliges Dreieck, daher gilt:

$\quad a^2 + a^2 = (3 \text{ m})^2$

$\qquad 2a^2 = 9 \text{ m}^2$

$\qquad\quad a^2 = 4,5 \text{ m}^2$

$\qquad\quad a \approx 2,12 \text{ m}$

Der mittlere Stützbalken b ist Teil des linken rechtwinkligen Dreiecks und es gilt: $b^2 + (1,5 \text{ m})^2 = a^2$

$b^2 + 2,25 \text{ m}^2 = 4,5 \text{ m}^2$

$\qquad\quad b^2 \approx 2,25 \text{ m}^2$

$\qquad\quad b \approx 1,5 \text{ m}$

Der seitliche Stützbalken c bildet mit b und der halben Länge des Daches ein rechtwinkliges Dreieck und es gilt:

$\qquad\qquad b^2 + (4 \text{ m})^2 = c^2$

$\quad (1,5 \text{ m})^2 + (4 \text{ m})^2 = c^2$

$\quad 2,25 \text{ m}^2 + 16 \text{ m}^2 = c^2$

$\qquad\qquad 18,25 \text{ m}^2 = c^2$

$\qquad\qquad\qquad\quad c \approx 4,27 \text{ m}$

3. Für die Länge der Diagonale d der Grundfläche gilt: $d^2 = (3 \text{ m})^2 + (4 \text{ m})^2 = 25 \text{ m}^2$, also d = 5 m

$\quad$ Für die Länge des Holzbalkens (= Querbalken im Quader) b gilt: $b^2 = (5 \text{ m})^2 + (2 \text{ m})^2 = 29 \text{ m}^2$, also b $\approx$ 5,39 m

J. Felten/P. Felten: Mathematik berufsbezogen 9/10
© Auer Verlag

Lösungen

4. mögliche Lösung:

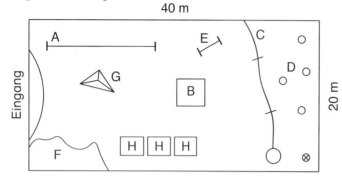

A: Seilbahn
B: großer Sandkasten mit Burg
C: kleiner Flusslauf mit zwei Brücken
D: große Wiese mit Bäumen zum Fangen
spielen, am Rand eine Grillhütte
E: Wippe
F: Bereich mit Balanciergeräten
G: Tetraeder, in welches Netze zum
Klettern gespannt sind
H: Doppelschaukel

Das Holzgerüst am Rand der Seilbahn könnte dreieckig sein, wenn man den Boden mitzählt, ebenso das Gerüst der Schaukeln. Auf jeden Fall dreieckig sind die Seiten des Tetraeders zum Klettern. Auch die eingespannten Netze könnte man in dreieckiger Form spannen. Das Dach des Grillhauses kann aus mehreren Dreiecken bestehen.

1.6 Höhensatz und Kathetensatz (Zimmerer/Zimmerin) S. 10

1. a) Höhensatz:
$$h^2 = xp$$
$$(5 \text{ cm})^2 = x \cdot 1 \text{ cm}$$
$$x = 25 \text{ cm}$$

b) Kathetensatz:
$$x^2 = pc$$
$$x^2 = (4 \text{ dm}) \cdot (4 \text{ dm} + 2 \text{ dm})$$
$$x^2 = 24 \text{ dm}^2$$
$$x \approx 4,9 \text{ dm}$$

c) Satz des Pythagoras:
$$x^2 = a^2 + b^2$$
$$x^2 = (2 \text{ m})^2 + (2 \text{ m})^2$$
$$x^2 = 8 \text{ m}^2$$
$$x \approx 2,83 \text{ m}$$

2. Balken a:
$$a^2 = (3 \text{ m})^2 + (2 \text{ m})^2$$
$$a^2 = 9 \text{ m}^2 + 4 \text{ m}^2$$
$$a = \sqrt{13 \text{ m}^2} \approx 3,61 \text{ m}$$

Balken b:
$$b^2 = (3 \text{ m})^2 + (4 \text{ m})^2$$
$$b^2 = 9 \text{ m}^2 + 16 \text{ m}^2$$
$$b = \sqrt{25 \text{ m}^2} = 5 \text{ m}$$

Höhe c:
$$c^2 = 1,5 \text{ m} \cdot 1 \text{ m}$$
$$c = \sqrt{1,5 \text{ m}^2} \approx 1,22 \text{ m}$$

1.7 Kreise (Erzieher/-in) S. 11

1. a) Flächeninhalt A pro Kreis: $A = \pi \cdot r^2 = \pi \cdot (25 \text{ cm})^2 = \pi \cdot 625 \text{ cm}^2 \approx 1\,963,5 \text{ cm}^2$
Gesamtfläche: $95 \cdot A = 95 \cdot 1\,963,5 \text{ cm}^2 = 186\,532,5 \text{ cm}^2$

b) Rechnung nach Flächeninhalt:
benötigte Fläche in m²: $186\,532,5 \text{ cm}^2 \approx 19 \text{ m}^2$
Ein Tonpapierbogen hat eine Fläche von: $1,00 \text{ m} \cdot 0,50 \text{ m} = 0,5 \text{ m}^2 = 5\,000 \text{ cm}^2$
benötigte Tonpapierbögen: $19 \text{ m}^2 : (0,5 \text{ m}^2) = 38$
Allerdings entsteht beim Ausschneiden von Kreisen viel Verschnitt. Daher sollte Mia zunächst berechnen, wie viele vollständige Kreise auf einen Bogen Tonpapier passen.
Durchmesser Kreis: 50 cm
Fläche Quadrat, in das 1 Kreis passt: $50 \text{ cm} \cdot 50 \text{ cm} = 2\,500 \text{ cm}^2$
Anzahl Kreise, die auf 1 Tonpapierbogen passen: $5\,000 \text{ cm}^2 : 2\,500 \text{ cm}^2 = 2 \text{ Kreise}$
Auf 1 Tonpapierbogen passen 2 Kreise. Daher benötigt Mia $95 : 2 = 47,5 \approx 48$ Tonpapierbögen.

c) Durchmesser Kreis: 16 cm
Fläche Quadrat, in das 1 Kreis passt: $16 \text{ cm} \cdot 16 \text{ cm} = 256 \text{ cm}^2$
Anzahl Kreise, die auf 1 Tonpapierbogen passen: $5\,000 \text{ cm}^2 : 256 \text{ cm}^2 \approx 19,53 \approx 19 \text{ Kreise}$
Auf 1 Tonpapierbogen passen 19 Kreise. Daher benötigt Mia $95 : 19 = 5$ Tonpapierbögen.

2. a) $u = d \cdot \pi = 28 \text{ cm} \cdot \pi \approx 87,96 \text{ cm}$

Louis benötigt pro Kreis etwa 88 cm Wolle.

J. Felten/P. Felten: Mathematik berufsbezogen 9/10
© Auer Verlag

b) $u = d \cdot \pi = 22 \text{ cm} \cdot \pi \approx 69{,}12 \text{ cm}$

benötigte Wolle für 135 Kreise: $69{,}12 \text{ cm} \cdot 135 = 9\,331{,}2 \text{ cm}$

Louis benötigt $9\,331{,}2 \text{ cm}$ Wolle, um alle Kreise zu bekleben.

c) Wolle pro Kreis: $\dfrac{1\,500 \text{ cm}}{63} \approx 23{,}81 \text{ cm}$

Es gilt: $\qquad u = 2 \cdot r \cdot \pi$

$\qquad 23{,}81 \text{ cm} = 2 \cdot r \cdot \pi \qquad | : (2\pi)$

$\qquad\qquad r \approx 3{,}79 \text{ cm}$

Der Radius der Kreise beträgt jeweils $3{,}79 \text{ cm}$.

3. Flächeninhalt Rechteck: $\quad A_R = 35 \text{ cm} \cdot 75 \text{ cm} = 2\,625 \text{ cm}^2$

Flächeninhalt Kreis: $\quad A_K = \pi \cdot r^2 \qquad\qquad | A_K = A_R$

$\qquad\qquad 2\,625 \text{ cm}^2 = \pi \cdot r^2 \qquad | : \pi$

$\qquad\qquad\qquad r^2 \approx 835{,}56 \text{ cm}^2 \qquad | \sqrt{}$

$\qquad\qquad\qquad r \approx 28{,}91 \text{ cm}$

Der Radius des Kreises muss $28{,}91 \text{ cm}$ groß sein.

1.8 Kreisausschnitte (Stanz- und Umformmechaniker/-in)　　　　　S. 12

1. a) Flächeninhalt Stanzplatte: $A_S = 45 \text{ cm} \cdot 35{,}5 \text{ cm} = 1\,597{,}5 \text{ cm}^2$

Flächeninhalt Kreis: $A_K = \pi \cdot r^2 = \pi \cdot (15{,}5 \text{ cm})^2 = \pi \cdot 240{,}25 \text{ cm}^2 \approx 754{,}77 \text{ cm}^2$

Restmaterial: $A_R = A_S - A_K = 1\,597{,}5 \text{ cm}^2 - 754{,}77 \text{ cm}^2 = 842{,}73 \text{ cm}^2$

b) Für das Restmaterial berechnet man immer zunächst den Flächeninhalt der Kreisausschnitte:

$A_{\frac{1}{2}K} = \dfrac{1}{2} \cdot A_K = \dfrac{1}{2} \cdot 754{,}77 \text{ cm}^2 \approx 377{,}39 \text{ cm}^2$

Restmaterial: $A_S - A_{\frac{1}{2}K} = 1\,597{,}5 \text{ cm}^2 - 377{,}39 \text{ cm}^2 = 1\,220{,}11 \text{ cm}^2$

$A_{\frac{1}{4}K} = \dfrac{1}{4} \cdot A_K = \dfrac{1}{4} \cdot 754{,}77 \text{ cm}^2 \approx 188{,}69 \text{ cm}^2$

Restmaterial: $A_S - A_{\frac{1}{4}K} = 1\,597{,}5 \text{ cm}^2 - 188{,}69 \text{ cm}^2 = 1\,408{,}81 \text{ cm}^2$

$A_{\frac{1}{8}K} = \dfrac{1}{8} \cdot A_K = \dfrac{1}{8} \cdot 754{,}77 \text{ cm}^2 \approx 94{,}35 \text{ cm}^2$

Restmaterial: $A_S - A_{\frac{1}{8}K} = 1\,597{,}5 \text{ cm}^2 - 94{,}35 \text{ cm}^2 = 1\,503{,}15 \text{ cm}^2$

$A_{\frac{3}{16}K} = \dfrac{3}{16} \cdot A_K = \dfrac{1}{16} \cdot 754{,}77 \text{ cm}^2 \approx 141{,}52 \text{ cm}^2$

Restmaterial: $A_S - A_{\frac{3}{16}K} = 1\,597{,}5 \text{ cm}^2 - 141{,}52 \text{ cm}^2 = 1\,455{,}98 \text{ cm}^2$

2. Flächeninhalte $A_{(\text{Radius } r, \text{Mittelpunktswinkel } \alpha)} = \dfrac{\alpha}{360°} \cdot \pi \cdot r^2$

$A_{2\,\text{cm}, 360°} = \dfrac{360°}{360°} \cdot \pi \cdot (2 \text{ cm})^2 = 1 \cdot \pi \cdot 4 \text{ cm}^2 \approx 12{,}57 \text{ cm}^2; \ 12{,}57 \text{ cm}^2 \cdot 10 = 125{,}7 \text{ cm}^2$

$A_{2\,\text{cm}, 180°} = \dfrac{180°}{360°} \cdot \pi \cdot (2 \text{ cm})^2 = 0{,}5 \cdot \pi \cdot 4 \text{ cm}^2 \approx 6{,}28 \text{ cm}^2; \ 6{,}28 \text{ cm}^2 \cdot 10 = 62{,}8 \text{ cm}^2$

$A_{2\,\text{cm}, 90°} = \dfrac{90°}{360°} \cdot \pi \cdot (2 \text{ cm})^2 = 0{,}25 \cdot \pi \cdot 4 \text{ cm}^2 \approx 3{,}14 \text{ cm}^2; \ 3{,}14 \text{ cm}^2 \cdot 15 = 47{,}1 \text{ cm}^2$

$A_{5\,\text{cm}, 90°} = \dfrac{90°}{360°} \cdot \pi \cdot (5 \text{ cm})^2 = 0{,}25 \cdot \pi \cdot 25 \text{ cm}^2 \approx 19{,}63 \text{ cm}^2; \ 19{,}63 \text{ cm}^2 \cdot 8 = 157{,}04 \text{ cm}^2$

$A_{5\,\text{cm}, 45°} = \dfrac{45°}{360°} \cdot \pi \cdot (5 \text{ cm})^2 = 0{,}125 \cdot \pi \cdot 25 \text{ cm}^2 \approx 9{,}82 \text{ cm}^2; \ 9{,}82 \text{ cm}^2 \cdot 6 = 58{,}92 \text{ cm}^2$

$A_{10\,\text{cm}, 36°} = \dfrac{36°}{360°} \cdot \pi \cdot (10 \text{ cm})^2 = 0{,}1 \cdot \pi \cdot 100 \text{ cm}^2 \approx 31{,}42 \text{ cm}^2; \ 31{,}42 \text{ cm}^2 \cdot 5 = 157{,}1 \text{ cm}^2$

$A_{10\,\text{cm}, 3{,}6°} = \dfrac{3{,}6°}{360°} \cdot \pi \cdot (10 \text{ cm})^2 = 0{,}01 \cdot \pi \cdot 100 \text{ cm}^2 \approx 3{,}14 \text{ cm}^2; \ 3{,}14 \text{ cm}^2 \cdot 2 = 6{,}28 \text{ cm}^2$

$A_{20\,\text{cm}, 270°} = \dfrac{270°}{360°} \cdot \pi \cdot (20 \text{ cm})^2 = 0{,}75 \cdot \pi \cdot 400 \text{ cm}^2 \approx 942{,}48 \text{ cm}^2; \ 942{,}48 \text{ cm}^2 \cdot 2 = 1\,884{,}96 \text{ cm}^2$

Gesamtbedarf: $125{,}7 \text{ cm}^2 + 62{,}8 \text{ cm}^2 + 47{,}1 \text{ cm}^2 + 157{,}04 \text{ cm}^2 + 58{,}92 \text{ cm}^2 + 157{,}1 \text{ cm}^2 + 6{,}28 \text{ cm}^2 +$
$\qquad\qquad 1\,884{,}96 \text{ cm}^2 = 2\,499{,}9 \text{ cm}^2$

Lösungen

3. a) ① $A = \dfrac{\alpha}{360°} \cdot \pi \cdot r^2 = \dfrac{125°}{360°} \cdot \pi \cdot (15{,}25 \text{ cm})^2 = \dfrac{25}{72} \cdot \pi \cdot 232{,}5625 \text{ cm}^2 \approx 253{,}69 \text{ cm}^2$

② $A = \dfrac{\alpha}{360°} \cdot \pi \cdot r^2 = \dfrac{200°}{360°} \cdot \pi \cdot (10{,}36 \text{ dm})^2 = \dfrac{5}{9} \cdot \pi \cdot 107{,}3296 \text{ dm}^2 \approx 187{,}33 \text{ dm}^2 = 18\,733 \text{ cm}^2$

③ $A = \dfrac{\alpha}{360°} \cdot \pi \cdot r^2 = \dfrac{75°}{360°} \cdot \pi \cdot (20{,}68 \text{ mm})^2 = \dfrac{5}{24} \cdot \pi \cdot 427{,}6624 \text{ mm}^2 \approx 279{,}9 \text{ mm}^2 = 2{,}799 \text{ cm}^2$

b) Der Kreisausschnitt ② hat einen Durchmesser von über 1 m. Nach dem Ausstanzen ist noch fast ein halber Kreis mit diesem Durchmesser übrig. Mit dem Restmaterial lassen sich die Kreise ① und ③ stanzen. Man kann also eine quadratische Stanzplatte mit der Kantenlänge 10,4 dm verwenden.

4. Mittelpunktswinkel: $\alpha = 360° : 4 = 90°$
Radius:

$$A = \pi \cdot r^2$$
$$30 \text{ cm}^2 = \pi \cdot r^2 \qquad | : \pi$$
$$r^2 \approx 9{,}55 \text{ cm}^2 \qquad | \sqrt{}$$
$$r = 3{,}09 \text{ cm}$$

1.9 Flächeninhalt ebener Figuren (Fliesen-, Platten- und Mosaikleger)   S. 13

1. ① $A_{\text{Wohnzimmer}} = 5{,}7 \text{ m} \cdot 4{,}5 \text{ m} = 25{,}65 \text{ m}^2$

② $A_{\text{Kinderzimmer}} = 324 \text{ cm} \cdot 394 \text{ cm} = 3{,}24 \text{ m} \cdot 3{,}94 \text{ m} \approx 12{,}77 \text{ m}^2$

③ $A_{\text{Garage}} = 7{,}85 \text{ m} \cdot 50 \text{ dm} = 7{,}85 \text{ m} \cdot 5 \text{ m} = 39{,}25 \text{ m}^2$

④ $A_{\text{Flur}} = \pi \cdot \left(\dfrac{3{,}6 \text{ m}}{2}\right)^2 \approx 10{,}18 \text{ m}^2$

⑤ $A_{\text{Abstellraum}} = \dfrac{3 \text{ m} \cdot 4 \text{ m}}{2} = 6 \text{ m}^2$

2. a) Abstellraum: $A_A = (1{,}5 \text{ m} \cdot 4{,}5 \text{ m}) : 2 = 3{,}375 \text{ m}^2$

Flur: $A_F = 1{,}5 \text{ m} \cdot 4{,}5 \text{ m} = 6{,}75 \text{ m}^2$

Bad: $A_B = 1{,}5 \text{ m} \cdot 1{,}5 \text{ m} + \dfrac{1{,}5 \text{ m} \cdot 1 \text{ m}}{2} \cdot 1{,}5 \text{ m} = 3 \text{ m}^2$

HWR: $A_H = 4 \text{ m} \cdot 1{,}5 \text{ m} + 2 \cdot \dfrac{1 \text{ m} + 1{,}5 \text{ m}}{2} = 7{,}5 \text{ m}^2$

Küche: $A_K = 0{,}8 \text{ m} \cdot 3 \text{ m} + \dfrac{1{,}5 \text{ m} \cdot 3 \text{ m}}{2} = 4{,}65 \text{ m}^2$

Schlafzimmer: $A_S = (3 \text{ m})^2 = 9 \text{ m}^2$

Wohnzimmer: $A_W = 6 \text{ m} \cdot 4{,}5 \text{ m} + 3 \text{ m} \cdot 2{,}2 \text{ m} + \dfrac{1}{2} \cdot \pi \cdot (1{,}5 \text{ m})^2 \approx 37{,}13 \text{ m}^2$

b) Kosten Flur: $K_F = 6{,}75 \text{ m}^2 \cdot 8{,}45 \dfrac{€}{\text{m}^2} \approx 57{,}04 \text{ €}$

Kosten Bad: $K_B = 3 \text{ m}^2 \cdot 10{,}60 \dfrac{€}{\text{m}^2} = 31{,}80 \text{ €}$

Kosten Küche: $K_K = 4{,}65 \text{ m}^2 \cdot 11{,}75 \dfrac{€}{\text{m}^2} \approx 54{,}64 \text{ €}$

Kosten Wohnzimmer: $K_W = 37{,}13 \text{ m}^2 \cdot 14{,}95 \dfrac{€}{\text{m}^2} \approx 555{,}09 \text{ €}$

Kosten Schlafzimmer: $K_S = 9 \text{ m}^2 \cdot 15{,}85 \dfrac{€}{\text{m}^2} = 142{,}65 \text{ €}$

Kosten Abstellraum: $K_A = 3{,}375 \text{ m}^2 \cdot 8{,}80 \dfrac{€}{\text{m}^2} = 29{,}70 \text{ €}$

Kosten HWR: $K_H = 7{,}5 \text{ m}^2 \cdot 12{,}90 \dfrac{€}{\text{m}^2} = 96{,}75 \text{ €}$

Gesamtkosten: $K = 57{,}04 \text{ €} + 31{,}80 \text{ €} + 54{,}64 \text{ €} + 555{,}09 \text{ €} + 142{,}65 \text{ €} + 96{,}75 \text{ €} + 29{,}70 \text{ €} = 967{,}67 \text{ €}$

J. Felten/P. Felten: Mathematik berufsbezogen 9/10
© Auer Verlag

Lösungen

1.10 Oberflächeninhalt von Zylindern (Rohrleitungsbauer/-in) S. 14

1. a) $O = 2 \cdot G + M = 2 \cdot \pi \cdot r^2 + 2 \cdot r \cdot \pi \cdot h = 2 \cdot \pi \cdot (4,5\,cm)^2 + 2 \cdot 4,5\,cm \cdot \pi \cdot 6\,cm = 40,5\pi\,cm^2 + 54\pi\,cm^2$
$= 94,5\pi\,cm^2 \approx 296,88\,cm^2$

b) $\qquad O = 2 \cdot \pi \cdot r^2 + 2 \cdot r \cdot \pi \cdot h \quad | - (2 \cdot \pi \cdot r^2)$
$O - 2 \cdot \pi \cdot r^2 = 2 \cdot r \cdot \pi \cdot h \qquad | : 2r\pi$
$$h = \frac{O - 2\pi r^2}{2\pi r}$$

2. Oberflächeninhalt: $M = \pi \cdot d \cdot h = \pi \cdot 30\,mm \cdot 35\,cm = \pi \cdot 3\,cm \cdot 35\,cm = 105\pi\,cm^2 \approx 329,87\,cm^2$
Zu beachten ist, dass in diesem Fall die Mantelfläche die Oberfläche beschreibt, da das Rohr an den Grundflächen offen ist und nur diese Fläche mit dem Erdreich in Kontakt kommt.

3. a) ① $M = \pi \cdot 2r \cdot h = \pi \cdot 6\,cm \cdot 4\,cm \approx 75,4\,cm^2 = 7\,540\,mm^2$
② $M = \pi \cdot 2r \cdot h = \pi \cdot 1\,800\,mm \cdot 1\,000\,mm \approx 5\,654\,867\,mm^2$
③ $M = \pi \cdot 2r \cdot h = \pi \cdot 39\,dm \cdot 3,5\,dm \approx 428,83\,dm^2 = 4\,288\,300\,mm^2$

b) ① $7\,540\,mm^2 \cdot 0,000\,5\,\frac{€}{mm^2} = 3,77\,€$
② $5\,654\,867\,mm^2 \cdot 0,000\,5\,\frac{€}{mm^2} \approx 2\,827,43\,€$
③ $4\,288\,300\,mm^2 \cdot 0,000\,5\,\frac{€}{mm^2} \approx 2\,144,15\,€$

c) Um den Preis einzuhalten, muss gelten: $M \cdot 0,000\,5\,\frac{€}{mm^2} = 938,00\,€$. Teilt man die Gleichung durch $0,000\,5\,\frac{€}{mm^2}$ erhält man: $M = 1\,876\,000\,mm^2 = 187,6\,cm^2$.
Daraus folgt: $\pi \cdot 2r \cdot h = 187,6\,cm^2 \quad | : 2\pi$
$r \cdot h \approx 29,86\,cm^2$

mögliche Werte für r und h:

r in cm	0,5	1	1,5	2	5	10	20	29,86
h in cm	59,72	29,86	$\approx 19,91$	14,93	5,972	2,986	1,493	1
r · h	29,86	29,86	29,865	29,86	29,86	29,86	29,86	29,86

4. $G = r^2 \cdot \pi = 1$
$$r^2 = \frac{1}{\pi}$$
$$r = \sqrt{\frac{1}{\pi}}\,dm \approx 0,56\,dm$$

Der Innenradius muss mindestens 0,56 dm betragen, damit die Öffnung (= Grundfläche) mindestens 1 dm² beträgt.

1.11 Rauminhalt von Zylindern (Rohrleitungsbauer/-in) S. 15

1. a) ① 1 cm $\triangleq$ 4 cm
Streckfaktor 1

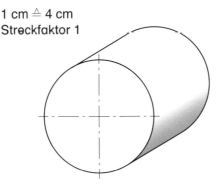

$V = \pi \cdot r^2 \cdot h = \pi \cdot (6\,cm)^2 \cdot 7\,cm = 252\pi\,cm^3 \approx 791,68\,cm^3$

Lösungen

② 1 cm ≙ 200 cm
Streckfaktor 0,5

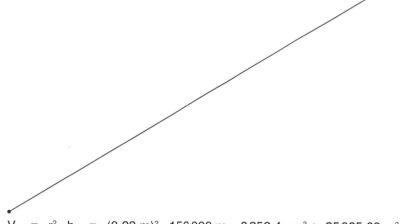

$V = \pi \cdot r^2 \cdot h = \pi \cdot (6{,}5 \text{ dm})^2 \cdot 355 \text{ dm} = 14\,998{,}75\pi \text{ dm}^3 \approx 47\,120 \text{ dm}^3$

③ Skizze: (Der Durchmesser entspricht nicht dem Maßstab.)

1 cm ≙ 10 km

$V = \pi \cdot r^2 \cdot h = \pi \cdot (0{,}23 \text{ m})^2 \cdot 156\,000 \text{ m} = 8\,252{,}4\pi \text{ m}^3 \approx 25\,925{,}68 \text{ m}^3$

b) $V = \pi \cdot r^2 \cdot h = \pi \cdot (2{,}5 \text{ cm})^2 \cdot 15 \text{ cm} = 93{,}75\pi \text{ cm}^3 \approx 294{,}52 \text{ cm}^3 = 0{,}000\,294\,52 \text{ m}^3$

2. a) Es gilt: $V = \pi \cdot r^2 \cdot h = 3 \text{ l} = 3 \text{ dm}^3$, also $r^2 \cdot h = \frac{3}{\pi} \text{ dm}^3$

Man könnte z. B. $r = 3 \text{ dm}$ und $h = \frac{1}{3\pi} \text{ dm}$ wählen, dann gilt:

$r^2 \cdot h = \frac{3}{\pi} \text{ dm}^3$

$(3 \text{ dm})^2 \cdot \left(\frac{1}{3\pi} \text{ dm}\right) = \frac{3}{\pi} \text{ dm}^3$

b) $\pi \cdot r^2 \cdot h = 3 \text{ l}$ | Setze $r = 2{,}5 \text{ m} = 25 \text{ dm}$

$\pi \cdot (25 \text{ dm})^2 \cdot h = 3 \text{ dm}^3$ | $: \pi$

$625 \text{ dm}^2 \cdot h \approx 0{,}95 \text{ dm}^3$ | $: (625 \text{ dm}^2)$

$h \approx 0{,}001\,52 \text{ dm}$

Das Rohr dürfte gerade einmal eine Länge von 0,001 52 dm = 0,151 mm haben. Es handelt sich dann eher um eine Platte als um ein Rohr, daher sollte Leo seinen Meister noch einmal nach der Richtigkeit der Zahlen fragen.

c) $\pi \cdot r^2 \cdot h = 3 \text{ l}$ | Setze $h = 0{,}5 \text{ m} = 5 \text{ dm}$

$\pi \cdot r^2 \cdot 5 \text{ dm} = 3 \text{ dm}^3$ | $: (5\pi \text{ dm})$

$r^2 \approx 0{,}19 \text{ dm}^2$ | $\sqrt{\ }$

$r \approx 0{,}44 \text{ dm}$

Das Rohr müsste einen Innenradius von etwa 0,44 dm (= 4,4 cm) haben.

J. Felten/P. Felten: Mathematik berufsbezogen 9/10
© Auer Verlag

3. a)

$\pi \cdot r^2 \cdot h = V$ | Setze V = 625 m³ und h = 8,57 m

$\pi \cdot r^2 \cdot 8{,}57 \text{ m} = 625 \text{ m}^3$ | : ($\pi \cdot 8{,}57$ m)

$r^2 \approx 23{,}21 \text{ m}^2$ | $\sqrt{}$

$r \approx 4{,}82 \text{ m}$

Der Innenradius müsste etwa 4,82 m betragen.

b) Für die Rechnung ist r_A = 2 m der Außenradius des Rohres und r_i der Innenradius, welcher zunächst bestimmt werden muss. Die Rohrstärke ist dann $r_A - r_i$. Es gilt:

$\pi \cdot r_i^2 \cdot h = V$ | h = 3 m und V = 35 m³

$\pi \cdot r_i^2 \cdot 3 \text{ m} = 35 \text{ m}^3$ | : ($\pi \cdot 3$ m)

$r_i^2 \approx 3{,}71 \text{ m}^2$ | $\sqrt{}$

$r_i \approx 1{,}93 \text{ m}$

Weiter ist $r_A - r_i$ = 2 m – 1,93 m = 0,07 m.
Die Rohrstärke beträgt also 7 cm.

1.12 Pyramiden (Tourismuskaufmann/-frau für Privat- und Geschäftsreisen)   S. 16

1. a) Der Flächeninhalt eines gleichseitigen Dreiecks mit der Seitenlänge a lässt sich mit der Formel

$A = \dfrac{a^2}{4} \cdot \sqrt{3}$ berechnen.

①: Hier gilt für die Grundfläche der Pyramide: $A_G = \dfrac{(3{,}5 \text{ dm})^2}{4} \cdot \sqrt{3} \approx 5{,}3 \text{ dm}^2$

Jede Seitenfläche hat den Flächeninhalt $A_S = \dfrac{1}{2} \cdot (3{,}5 \text{ dm}) \cdot (6{,}5 \text{ dm}) = 11{,}375 \text{ dm}^2$.

Für die Oberfläche O gilt: $O = A_G + 3 \cdot A_S = 5{,}3 \text{ dm}^2 + 34{,}125 \text{ dm}^2 = 39{,}425 \text{ dm}^2$

②: Hier gilt für die Grundfläche der Pyramide: $A_G = \dfrac{(52{,}8 \text{ cm})^2}{4} \cdot \sqrt{3} \approx 1\,207{,}17 \text{ cm}^2$

Jede Seitenfläche hat den Flächeninhalt $A_S = \dfrac{1}{2} \cdot (52{,}8 \text{ cm}) \cdot (95 \text{ cm}) = 2\,508 \text{ cm}^2$.

Für die Oberfläche O gilt: $O = A_G + 3 \cdot A_S = 1\,207{,}17 \text{ cm}^2 + 7\,524 \text{ cm}^2 = 8\,731{,}17 \text{ cm}^2$

Benötigte Fläche an Goldfolie: 39,425 dm² + 8 731,17 cm² = 39,425 dm² + 87,3117 dm²
= 126,7367 dm² ≈ 1,27 m²
Zusätzlich sollte Jan noch von etwas Verschnitt ausgehen.

b) Materialkosten: $126{,}7367 \text{ dm}^2 \cdot 2{,}56 \dfrac{\text{€}}{\text{dm}^2} \approx 324{,}45$ €

c) Höhe h_s der Seitenflächen: $\left(\dfrac{a}{2}\right)^2 + h^2 = h_s^2$

$h^2 = \dfrac{230{,}33 \text{ m}^2}{2} + (146{,}59 \text{ m})^2$

$h_s^2 \approx 34\,751{,}61 \text{ m}^2$ | $\sqrt{}$

$h_s \approx 186{,}42 \text{ m}$

Oberfläche: $O = (230{,}33 \text{ m})^2 + 4 \cdot \dfrac{1}{2} \cdot (230{,}33 \text{ m}) \cdot 186{,}42 \text{ m} = 53\,051{,}91 \text{ m}^2 + 85\,876{,}24 \text{ m}^2 = 138\,928{,}15 \text{ m}^2$

Allerdings würde man von den Cheops-Pyramiden nur die Seitenflächen (Mantelfläche) mit Goldfolie bekleben können, daher würde man nur 85 876,24 m² Goldfolie benötigen.

2. Volumen der Cheops-Pyramide:

$V = \dfrac{1}{3} \cdot G \cdot h = \dfrac{1}{3} \cdot (230{,}33 \text{ m})^2 \cdot 146{,}59 \text{ m} = 2\,592\,293{,}109 \text{ m}^3 = 2\,592\,293\,109\,000 \text{ cm}^3$

Dies entspricht einer Anzahl von $\dfrac{2\,592\,293\,109\,000 \text{ cm}^3}{4 \text{ cm}^3} \approx 648\,000\,000\,000$ der Styroporkügelchen.

Es ist aber zu beachten, dass wesentlich weniger Kugeln in die Pyramiden hineinpassen würden, da Zwischenräume zwischen den Kugeln entstehen. Bei optimaler Schichtung der Kugeln bleiben ca. 25 % der Zwischenräume frei (Keplersche Vermutung, bewiesen von Thomas Hales, 1998). Damit passen höchstens 0,75 · 648 000 000 000 = 486 000 000 000 Styroporkügelchen® in die Cheops-Pyramide. Da sie sicherlich nicht optimal geschichtet sind, könnte das Reisebüroteam 450 000 000 000 als Richtwert nehmen.

Lösungen

1. a) $V_{3\,cm} = \frac{4}{3} \cdot \pi \cdot r^3 = \frac{4}{3} \cdot \pi \cdot (3\,cm)^3 = 36\pi\,cm^3 \approx 113{,}10\,cm^3$

$V_{15\,dm} = \frac{4}{3} \cdot \pi \cdot (15\,dm)^3 = 4\,500\pi\,cm^3 \approx 14\,137{,}17\,dm^3$

$V_{16\,mm} = \frac{4}{3} \cdot \pi \cdot (16\,mm)^3 = 5\,461{,}\overline{3}\pi\,mm^3 \approx 17\,157{,}29\,mm^3$

b) $V = 113{,}1\,cm^3 + 14\,137{,}17\,dm^3 + 17\,157{,}28\,mm^3 = 113\,100\,mm^3 + 14\,137\,170\,000\,mm^3 + 17\,157{,}28\,mm^3$
$= 14\,250\,400\,260\,mm^3$

2. a) $V_{2\,cm} = \frac{4}{3} \cdot \pi \cdot r^3 = \frac{4}{3} \cdot \pi \cdot (2\,cm)^3 = \frac{32}{3}\pi\,cm^3 \approx 33{,}51\,cm^3$

$V_{10\,mm} = \frac{4}{3} \cdot \pi \cdot (10\,mm)^3 = \frac{4\,000}{3}\pi\,mm^3 \approx 4\,188{,}79\,mm^3$

$V_{17\,mm} = \frac{4}{3} \cdot \pi \cdot (17\,mm)^3 = \frac{19\,652}{3}\pi\,mm^3 \approx 20\,579{,}53\,mm^3$

Gesamtvolumen $V = 33{,}51\,cm^3 + 4\,188{,}79\,mm^3 + 20\,579{,}53\,mm^3$

$= 33\,510\,mm^3 + 4\,188{,}79\,mm^3 + 20\,579{,}53\,mm^3 = 58\,278{,}32\,mm^3 = 58{,}27832\,cm^3$

b) $58{,}27832\,cm^3 \cdot 19{,}3\,{}^g\!/_{cm^3} = 1\,124{,}78\,g$

3. a) Volumen kleine Kugel: $V_K = \frac{4}{3} \cdot \pi \cdot r^3 = \frac{4}{3} \cdot \pi \cdot (3\,mm)^3 = 36\pi\,mm^3 \approx 113{,}1\,mm^3$

Volumen große Kugel: $V_G = \frac{4}{3} \cdot \pi \cdot (5\,mm)^3 = \frac{500}{3}\pi\,mm^3 \approx 523{,}6\,mm^3$

Volumen Silberkugeln: $V_{Silber} = 8 \cdot 113{,}1\,mm^3 = 904{,}8\,mm^3$

Volumen Goldkugeln: $V_{Gold} = 12 \cdot 113{,}1\,mm^3 + 3 \cdot 523{,}6\,mm^3 = 1\,357{,}2\,mm^3 + 1\,570{,}8\,mm^3 = 2\,928\,mm^3$

b) Kosten der Silberkugeln: $904{,}8\,mm^3 \cdot 20\,{}^g\!/_{cm^3} = 0{,}9048\,cm^3 \cdot 20\,{}^g\!/_{cm^3} \approx 18{,}10\,€$

Kosten der Goldkugeln: $2\,928\,mm^3 \cdot 50\,{}^g\!/_{cm^3} = 2{,}928\,cm^3 \cdot 50\,{}^g\!/_{cm^3} = 146{,}40\,€$

Gesamtkosten: $G = 18{,}10\,€ + 146{,}40\,€ + 55{,}00\,€ = 219{,}50\,€$

4. a) $O = 4 \cdot \pi \cdot r^2 = 4 \cdot \pi \cdot \left(\frac{d}{2}\right)^2 = 4 \cdot \pi \cdot (5\,cm)^2 = 4 \cdot \pi \cdot 25\,cm^2 = 100\pi\,cm^2 \approx 314{,}16\,cm^2$

b) $O = 8 \cdot 4 \cdot \pi \cdot r^2 = 8 \cdot 4 \cdot \pi \cdot (1\,mm)^2 = 32\pi\,mm^2 \approx 100{,}53\,mm^2$

1. Zu prüfen ist, ob sich die Längen und Breiten der Monitorabmessung um den gleichen Faktor erhöhen:

Vergleich 19 Zoll zu 24 Zoll: $39 \cdot \frac{49}{39} = 49$ → Streckfaktor: $\frac{49}{39} \approx 1{,}26$

$29 \cdot \frac{37}{29} = 37$ → Streckfaktor: $\frac{37}{29} \approx 1{,}28$

Die Streckfaktoren weichen nur leicht voneinander ab. Dies könnten auch Rundungsfehler sein. Daher sind die Monitore ähnlich zueinander.

Vergleich 24 Zoll zu 28 Zoll: $49 \cdot \frac{62}{49} = 62$ → Streckfaktor: $\frac{62}{49} \approx 1{,}27$

$37 \cdot \frac{35}{37} = 35$ → Streckfaktor: $\frac{35}{37} \approx 0{,}95$

Die Streckfaktoren weichen voneinander ab. Damit sind die Monitore nicht ähnlich zueinander. Der 19-Zoll- und der 28-Zoll-Monitor sind entsprechend auch nicht ähnlich.

2. a) Es kann passieren, dass Nehir ein Bild einpflegt, welches ihren Monitor vollständig ausfüllt. Bei einem anderen Monitor aber, welcher nicht ähnlich zu ihrem ist, kann es sein, dass das Bild an einer Kante über den Monitor hinausläuft und für die Internetseitenbesucher nicht vollständig zu sehen ist.

b) $39 \cdot \frac{62}{39} = 62$ → Streckfaktor: $\frac{62}{39} \approx 1{,}59$

$29 \cdot \frac{35}{29} = 35$ → Streckfaktor: $\frac{35}{29} \approx 1{,}21$

Nehir kann das Bild mit dem Streckfaktor 1,21 strecken, damit der Monitor eine Bildbreite von 35 cm erreicht.

J. Felten/P. Felten: Mathematik berufsbezogen 9/10
© Auer Verlag

Lösungen

3. Streckfaktor k, dann gilt: 2 cm · k = 22,5 cm → k = 11,25
Länge des gestreckten Bildes: 3 cm · 11,25 = 33,75 cm

4. a) $38 \xrightarrow{\approx \,\cdot\, 1,05} 40 \xrightarrow{\approx \,\cdot\, 1,05} 42 \xrightarrow{\approx \,\cdot\, 1,05} 44 \xrightarrow{\approx \,\cdot\, 1,05} 46 \xrightarrow{\approx \,\cdot\, 1,07} 49 \xrightarrow{\approx \,\cdot\, 1,04} 51 \xrightarrow{\approx \,\cdot\, 1,04} 53 \xrightarrow{\approx \,\cdot\, 1,04} 55$

$21 \xrightarrow{\approx \,\cdot\, 1,05} 22 \xrightarrow{\approx \,\cdot\, 1,09} 24 \xrightarrow{\approx \,\cdot\, 1,04} 25 \xrightarrow{\approx \,\cdot\, 1,04} 26 \xrightarrow{\approx \,\cdot\, 1,04} 27 \xrightarrow{\approx \,\cdot\, 1,07} 29 \xrightarrow{\approx \,\cdot\, 1,03} 30 \xrightarrow{\approx \,\cdot\, 1,03} 31$

Die Längen und Breiten müssen nur minimal anders gestreckt werden. Daher kann man für die Praxis sagen, dass die Monitore ähnlich zueinander sind.

b) $A_{17\,in} = a \cdot b = 38\ cm \cdot 21\ cm = 798\ cm^2 = 7,98\ dm^2$

$A_{18\,in} = 40\ cm \cdot 22\ cm = 880\ cm^2 = 8,8\ dm^2$

$A_{19\,in} = 42\ cm \cdot 24\ cm = 1\,008\ cm^2 = 10,08\ dm^2$

$A_{20\,in} = 44\ cm \cdot 25\ cm = 1\,100\ cm^2 = 11\ dm^2$

$A_{21\,in} = 46\ cm \cdot 26\ cm = 1\,196\ cm^2 = 11,96\ dm^2$

$A_{22\,in} = 49\ cm \cdot 27\ cm = 1\,323\ cm^2 = 13,23\ dm^2$

$A_{23\,in} = 51\ cm \cdot 29\ cm = 1\,479\ cm^2 = 14,79\ dm^2$

$A_{24\,in} = 53\ cm \cdot 30\ cm = 1\,590\ cm^2 = 15,9\ dm^2$

$A_{25\,in} = 55\ cm \cdot 31\ cm = 1\,705\ cm^2 = 17,05\ dm^2$

c) Da die Monitore ähnlich sind, kann man den Flächeninhalt über den Streckfaktor bestimmen:
Den 34-Zoll-Monitor erhält man durch Streckung des 17-Zoll-Monitors mit dem Streckfaktor 2:
$A_{34\,in} = 2^2 \cdot A_{17\,in} = 2^2 \cdot 7,98\ dm^2 = 31,92\ dm^2$
Den 50-Zoll-Monitor erhält man durch Streckung des 25-Zoll-Monitors mit dem Streckfaktor 2:
$A_{50\,in} = 2^2 \cdot A_{25\,in} = 2^2 \cdot 17,05\ dm^2 = 68,2\ dm^2$

1.15 Strahlensätze (Forstwirt/-in) S. 19

1. Mit den Strahlensätzen erhält man die Baumhöhe h durch $\dfrac{\text{Entfernung}}{0,7\ m} = \dfrac{h}{\text{Markierung}}$.

a) $\dfrac{9\ m}{0,7\ m} = \dfrac{h}{0,6\ m}$
$h \approx 7,71\ m$

b) $\dfrac{15\ m}{0,7\ m} = \dfrac{h}{0,1\ m}$
$h \approx 2,14\ m$

c) $\dfrac{20\ m}{0,7\ m} = \dfrac{h}{0,15\ m}$
$h \approx 4,29\ m$

d) $\dfrac{20\ m}{0,7\ m} = \dfrac{h}{0,2\ m}$
$h \approx 5,71\ m$

2. Für die Höhe h des großen Baumes gilt: $\dfrac{2\ m}{4,5\ m} = \dfrac{h}{20\ m}$, also h ≈ 8,89 m.

3. Ina könnte sich die Seeränder A und B markieren. Dann ist $\overline{AB}$ die Länge des Sees. Danach braucht sie eine parallele Strecke $\overline{CD}$ zu $\overline{AB}$ neben dem See sowie einen Punkt S, von dem sie eine Strecke durch C und A sowie eine Strecke durch D und B ziehen kann. Die Länge des Sees kann sie dann mit der Formel $\dfrac{\overline{AB}}{\overline{CD}} = \dfrac{\overline{SA}}{\overline{SC}}$ bestimmen.

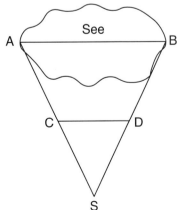

Lösungen

2.1 Winkel im rechtwinkligen Dreieck (Konstruktionsmechaniker/-in) S. 20

1. Gegenüber von a ist jeweils der Winkel α, gegenüber von b der Winkel β.

a) $\tan(\alpha) = \dfrac{a}{b}$ ➔ $\tan(\alpha) = \dfrac{3}{4}$ ➔ $\alpha = \arctan\left(\dfrac{3}{4}\right) \approx 36{,}9°$ ➔ $\beta = 90° - 36{,}9° = 53{,}1°$

b) $\tan(\alpha) = \dfrac{a}{b}$ ➔ $\tan(\alpha) = \dfrac{5}{7}$ ➔ $\alpha = \arctan\left(\dfrac{5}{7}\right) \approx 35{,}5°$ ➔ $\beta = 90° - 35{,}5° = 54{,}5°$

c) $\tan(\alpha) = \dfrac{a}{b}$ ➔ $\tan(\alpha) = \dfrac{12}{10}$ ➔ $\alpha = \arctan(1{,}2) \approx 50{,}2°$ ➔ $\beta = 90° - 50{,}2° = 39{,}8°$

d) $\cos(\alpha) = \dfrac{b}{c}$ ➔ $\cos(\alpha) = \dfrac{4}{6}$ ➔ $\alpha = \arccos\left(\dfrac{2}{3}\right) \approx 48{,}2°$ ➔ $\beta = 90° - 48{,}2° = 41{,}8°$

e) $\sin(\alpha) = \dfrac{a}{c}$ ➔ $\sin(\alpha) = \dfrac{1}{2}$ ➔ $\alpha = \arcsin\left(\dfrac{1}{2}\right) = 30°$ ➔ $\beta = 90° - 30° = 60°$

f) $\sin(\alpha) = \dfrac{a}{c}$ ➔ $\sin(\alpha) = \dfrac{4}{5}$ ➔ $\alpha = \arcsin\left(\dfrac{4}{5}\right) \approx 53{,}1°$ ➔ $\beta = 90° - 53{,}1° = 36{,}9°$

2. Gegenüber von a ist jeweils der Winkel α, gegenüber von b der Winkel β.

a) $\tan(\alpha) = \dfrac{a}{b}$ ➔ $\tan(\alpha) = \dfrac{3}{4}$ ➔ $\alpha = \arctan\left(\dfrac{3}{4}\right) \approx 36{,}9°$ ➔ $\beta = 90° - 36{,}9° = 53{,}1°$

b) $\tan(\alpha) = \dfrac{a}{b}$ ➔ $\tan(\alpha) = \dfrac{7}{10}$ ➔ $\alpha = \arctan(0{,}7) \approx 35{,}0°$ ➔ $\beta = 90° - 35° = 55°$

c) $\cos(\alpha) = \dfrac{b}{c}$ ➔ $\cos(\alpha) = \dfrac{12}{7}$ ➔ $\alpha = \arccos\left(\dfrac{12}{7}\right)$ ist nicht definiert.

     Es gibt kein Dreieck mit den angegebenen Werten, da die Hypotenuse immer die längste Seite ist.

3. Durch Abmessen erhält man a = b = 5 cm und c = 8 cm. Für die Höhe auf c gilt: h = 3 cm.

$\sin(\alpha) = \dfrac{3}{5}$, also $\alpha = \arcsin\left(\dfrac{3}{5}\right) \approx 36{,}87°$.

Da das Dreieck gleichschenklig ist, ist $\beta = \alpha = 36{,}87°$.

$\gamma = 180° - 2 \cdot 36{,}87° = 106{,}26°$

2.2 Berechnungen beim rechtwinkligen Dreieck (Konstruktionsmechaniker/-in) S. 21

1.

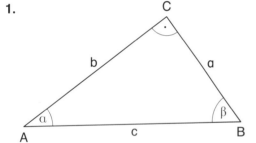

Blech A: gegeben: $\alpha = 40°$; c = 7 cm; gesucht: β, a, b, A

β: $\beta = 90° - 40° = 50°$

a: $a = \sin(40°) = \dfrac{a}{7}$, also $a = 7\,\text{cm} \cdot \sin(40°) \approx 4{,}5\,\text{cm}$

b: $4{,}5^2 + b^2 = 7^2$, $b = \sqrt{7^2 - 4{,}5^2}\,\text{cm} = \sqrt{28{,}75}\,\text{cm} \approx 5{,}36\,\text{cm}$

$A = \dfrac{1}{2} \cdot 4{,}5\,\text{cm} \cdot 5{,}36\,\text{cm} = 12{,}06\,\text{cm}^2$

Blech B: gegeben: a = 5 cm, b = 5 cm; gesucht: c, α, β, A

c: $5^2 + 5^2 = c^2$, also $c = \sqrt{5^2 + 5^2}\,\text{cm} = \sqrt{50}\,\text{cm} \approx 7{,}07\,\text{cm}$

α: $\sin(\alpha) = \dfrac{5}{7{,}07}$, also $\alpha \approx \arcsin(0{,}71) \approx 45{,}23°$

β: $\beta = 90° - 45{,}23° = 44{,}77°$

$A = \dfrac{1}{2} \cdot 5 \cdot 5 = 12{,}5\,\text{cm}^2$

J. Felten/P. Felten: Mathematik berufsbezogen 9/10
© Auer Verlag

Lösungen

Blech C: gegeben: c = 1,2 dm = 12 cm, a = 9 cm; gesucht: b, α, β, A

b: 9^2 cm^2 + b^2 = 12^2 cm^2, also b = $\sqrt{12^2 - 9^2}$ cm = $\sqrt{63}$ cm $\approx$ 7,94 cm

α: sin(α) = $\dfrac{9 \text{ cm}}{12 \text{ cm}}$, also α = arcsin(0,75) $\approx$ 48,59°

β: β = 90° − 48,59° = 41,41°

A = $\dfrac{1}{2}$ · 9 cm · 7,94 cm = 35,73 cm^2

Blech D: gegeben: a = 2 cm, β = 15°; gesucht: b, c, α, A

c: cos(15°) = $\dfrac{2 \text{ cm}}{c}$, also c = 2 cm : cos(15°) $\approx$ 2,07 cm

b: 2^2 cm^2 + b^2 = 2,07^2 cm^2, also b = $\sqrt{2,07^2 - 2^2}$ cm = $\sqrt{0,2849}$ cm $\approx$ 0,53 cm

α: α = 90° − 15° = 75°

A = $\dfrac{1}{2}$ · 2 cm · 0,53 cm = 0,53 cm^2

Blech E: gegeben: a = 2 cm, α = 15°; gesucht: b, c, β, A

c: sin(15°) = $\dfrac{2 \text{ cm}}{c}$, also c = 2 cm : sin(15°) $\approx$ 7,73 cm

b: 2^2 cm^2 + b^2 = 7,73^2 cm^2, also b = $\sqrt{7,73^2 - 2^2}$ cm = $\sqrt{55,7529}$ cm $\approx$ 7,47 cm

β: β = 90° − 15° = 75°

A = $\dfrac{1}{2}$ · 2 cm · 7,47 cm = 7,47 cm^2

2. Länge d des Stahlträgers: d = $\sqrt{6^2 + 5^2}$ m $\approx$ 7,81 m

Winkel α: tan(α) = $\dfrac{5 \text{ m}}{6 \text{ m}}$, also α = arctan$\left(\dfrac{5}{6}\right)$ $\approx$ 39,81°

3. Länge a der Stangen: sin(55°) = $\dfrac{1,5 \text{ m}}{a}$, also a = 1,5 m : sin(55°) $\approx$ 1,83 m

4. Sind von einem Dreieck nur die drei Winkel bekannt, sind die Seitenlängen nicht eindeutig bestimmt. Das Dreieck kann gestreckt werden, ohne dass sich die Winkel verändern. Dabei ändern sich aber die Längen der Seiten.

Für die Seiten a, b, c mit der Hypotenuse c gilt: sin(30°) = $\dfrac{1}{2}$ = $\dfrac{a}{c}$

Mögliche Seitenlängen sind also a = 1 cm, c = 2 cm, b = $\sqrt{2^2 - 1^2}$ cm = $\sqrt{3}$ cm $\approx$ 1,73 cm.

Die Einheit cm kann beliebig verändert werden. Für a und c können beliebige Zahlen gewählt werden, deren Quotient $\dfrac{1}{2}$ ist.

2.3 Sinussatz im Dreieck (Bauzeichner/-in) S. 22

1. a) $\dfrac{2 \text{ m}}{8 \text{ m}}$ = $\dfrac{\sin(\alpha)}{\sin(85°)}$

   sin(α) = $\dfrac{1}{4}$ · sin(85°)

   α $\approx$ arcsin(0,25)

   α $\approx$ 14,48°

   b) $\dfrac{a}{7 \text{ m}}$ = $\dfrac{\sin(40°)}{\sin(70°)}$

   a = $\dfrac{\sin(40°)}{\sin(70°)}$ · 7 m

   a $\approx$ 4,79 m

   c) $\dfrac{\sin(\alpha)}{\sin(120°)}$ = $\dfrac{6 \text{ m}}{10 \text{ m}}$

   sin(α) = $\dfrac{3}{5}$ · sin(120°)

   α $\approx$ arcsin(0,52)

   α $\approx$ 31,33°

2. c: sin(30°) = $\dfrac{1,5 \text{ m}}{c}$ $\longrightarrow$ c = $\dfrac{1,5 \text{ m}}{\sin(30°)}$ = 3 m

   α: $\dfrac{\sin(\alpha)}{\sin(55°)}$ = $\dfrac{2 \text{ m}}{3,3 \text{ m}}$ $\longrightarrow$ sin(α) = sin(55°) · $\dfrac{2 \text{ m}}{3,3 \text{ m}}$ $\longrightarrow$ sin(α) $\approx$ 0,5 $\longrightarrow$ α = arcsin(0,5) = 30°

   a: $\dfrac{6 \text{ m} - a}{2 \text{ m}}$ = $\dfrac{\sin(180° - 85°)}{\sin(30°)}$ $\longrightarrow$ 6 m − a $\approx$ 3,98 m $\longrightarrow$ a = 2,02 m $\approx$ 2 m

   b^2 = 2^2 m^2 + 1^2 m^2 $\longrightarrow$ b = $\sqrt{5}$ m $\approx$ 2,24 m

   β: $\dfrac{\sin(\beta)}{\sin(100°)}$ = $\dfrac{1}{2}$ $\longrightarrow$ sin(β) = sin(100°) · $\dfrac{1}{2}$ $\longrightarrow$ sin(β) $\approx$ 0,49 $\longrightarrow$ β = arcsin(0,49) $\approx$ 29,34°

3. a = $\dfrac{\sin(\alpha)}{\sin(\beta)}$ · b

   α = arcsin$\left(\dfrac{a}{b} \cdot \sin(\beta)\right)$

   b = $\dfrac{\sin(\beta)}{\sin(\alpha)}$ · a

   β = arcsin$\left(\dfrac{b}{a} \cdot \sin(\alpha)\right)$

Lösungen

2.4 Sinussatz im Alltag (Vermessungstechniker/-in) S. 23

1. Der Satz des Pythagoras und die klassischen Formeln für Sinus und Kosinus können nur in rechtwinkligen Dreiecken angewendet werden. Der Vorteil des Sinussatzes ist, dass er in beliebigen Dreiecken verwendet werden kann.

2. a) Herr Schwebel verwendet in seiner Skizze nur Dreiecke, die nicht rechtwinklig sind. Um mit diesen rechnen zu können, benötigt er den Sinussatz. Rechtwinklige Dreiecke würden ihn stark in seiner Wahl einschränken.

   b) $a = \dfrac{a}{920 \text{ m}} = \dfrac{\sin(45°)}{\sin(70°)}$ $\longrightarrow$ $a = \dfrac{\sin(45°)}{\sin(70°)} \cdot 920 \text{ m} \approx 692,29 \text{ m}$

   $\dfrac{b}{620 \text{ m}} = \dfrac{\sin(39°)}{\sin(86°)}$ $\longrightarrow$ $b = \dfrac{\sin(39°)}{\sin(86°)} \cdot 620 \text{ m} \approx 391,13 \text{ m}$

3. b: $\dfrac{b + 2300 \text{ m}}{2000 \text{ m}} = \dfrac{\sin(85°)}{\sin(40°)}$ $\longrightarrow$ $b + 2300 \text{ m} = \dfrac{\sin(85°)}{\sin(40°)} \cdot 2000 \text{ m}$ $\longrightarrow$ $b + 2300 \text{ m} \approx 3099 \text{ m}$ $\longrightarrow$ $b = 799 \text{ m}$

   a: $\dfrac{a}{1800 \text{ m}} = \dfrac{\sin(25°)}{\sin(10°)}$ $\longrightarrow$ $a = \dfrac{\sin(25°)}{\sin(10°)} \cdot 1800 \text{ m} \approx 4381 \text{ m}$

   Länge des Waldweges: $a + b = 799 \text{ m} + 4381 \text{ m} = 5181 \text{ m} \approx 5,2 \text{ km}$

2.5 Kosinussatz im Dreieck (Vermessungstechniker/-in) S. 24

1. a) $a^2 = (3,2 \text{ cm})^2 + (3,8 \text{ cm})^2 - 2 \cdot 3,2 \text{ cm} \cdot 3,8 \text{ cm} \cdot \cos(65°) \approx 14,4 \text{ cm}^2$ $\longrightarrow$ $a^2 \approx 14,4 \text{ cm}^2$ $\longrightarrow$ $a \approx 3,79 \text{ cm}$

   b) $b^2 = (47 \text{ m})^2 + (45 \text{ m})^2 - 2 \cdot 47 \text{ m} \cdot 45 \text{ m} \cdot \cos(20°) \approx 259,1 \text{ m}^2$ $\longrightarrow$ $b^2 \approx 259,1 \text{ m}^2$ $\longrightarrow$ $b \approx 16,1 \text{ m}$

   c) $c^2 = (3 \text{ km})^2 + (6,2 \text{ km})^2 - 2 \cdot 3 \text{ km} \cdot 6,2 \text{ km} \cdot \cos(99°) \approx 53,26 \text{ km}^2$ $\longrightarrow$ $c^2 \approx 53,26 \text{ km}^2$ $\longrightarrow$ $c \approx 7,3 \text{ km}$

2. a) $4^2 \text{ cm}^2 = 5^2 \text{ cm}^2 + 5^2 \text{ cm}^2$
   $\qquad - 2 \text{ cm} \cdot 5 \text{ cm} \cdot 5 \text{ cm} \cdot \cos(\alpha)$
   $-34 \text{ cm}^2 = -50 \text{ cm}^2 \cos(\alpha)$
   $\cos(\alpha) = \dfrac{17}{25}$
   $\alpha \approx 47,16°$

   b) $5^2 \text{ cm}^2 = 4^2 \text{ cm}^2 + 3^2 \text{ cm}^2 - 2 \cdot 4 \text{ cm} \cdot 3 \text{ cm} \cdot \cos(\alpha)$
   $0 \text{ cm}^2 = -24 \text{ cm}^2 \cdot \cos(\alpha)$
   $\cos(\alpha) = 0$
   $\alpha = 90°$

3. Die Strecke $\overline{AD}$ lässt sich mit dem Satz des Pythagoras berechnen ($\overline{AD} \approx 3,2 \text{ km}$). Die Strecke $\overline{BD}$ kann man an der parallel liegenden Straße ablesen ($\overline{BD} = 4 \text{ km}$). Zusammen mit dem Winkel α ($\alpha = 21°$) sind damit alle für den Kosinussatz benötigten Längen gegeben.
   Es gilt: $\overline{AB}^2 = \overline{BD}^2 + \overline{AD}^2 - 2 \cdot \overline{BD} \cdot \overline{AD} \cdot \cos(\alpha)$; $\overline{AB} \approx 1,5 \text{ km}$

2.6 Kosinussatz im Alltag (Gärtner/in – Garten- und Landschaftsbau) S. 25

1. $\overline{AB}^2 = (50 \text{ m})^2 + (49 \text{ m})^2 - 2 \cdot 50 \text{ m} \cdot 49 \text{ m} \cdot \cos(70°) \approx 3225,1 \text{ m}^2$ $\longrightarrow$ $\overline{AB}^2 \approx 3225,1 \text{ m}^2$ $\longrightarrow$ $\overline{AB} \approx 56,79 \text{ m}$

   $\overline{CD}^2 = (76 \text{ m})^2 + (79 \text{ m})^2 - 2 \cdot 76 \text{ m} \cdot 79 \text{ m} \cdot \cos(19°) \approx 663,21 \text{ m}^2$ $\longrightarrow$ $\overline{CD}^2 \approx 663,21 \text{ m}^2$ $\longrightarrow$ $\overline{CD} \approx 25,75 \text{ m}$

2. a) Die fehlenden Längen im Dreieck können mit dem Satz des Pythagoras berechnet werden:
   $\overline{PB}^2 = (11 \text{ m})^2 + (4 \text{ m})^2 = 137 \text{ m}^2$, also $\overline{PB} \approx 11,7 \text{ m}$ und $\overline{PA}^2 = (11 \text{ m})^2 + (2 \text{ m})^2 = 125 \text{ m}^2$, also $\overline{PA} \approx 11,2 \text{ m}$.
   Gesamtlänge der benötigten Kantensteine: $\overline{PB} + \overline{PA} = 11,7 \text{ m} + 11,2 \text{ m} = 22,9 \text{ m}$
   benötigte Kantensteine: $22,9 \text{ m} : (1,2 \text{ m}) \approx 19,1$
   Hannah benötigt also noch 20 Kantensteine, die sie entsprechend zuschneiden muss. Alternativ kann sie mit 19 Kantensteinen arbeiten und die fehlenden 10 cm an den Ecken durch Beton ersetzen.

   b) $\qquad 6^2 \text{ m}^2 = 11,7^2 \text{ m}^2 + 11,2^2 \text{ m}^2 - 2 \cdot 11,7 \text{ m} \cdot 11,2 \text{ m} \cdot \cos(\alpha)$
   $\qquad 36 \text{ m}^2 = 262,33 \text{ m}^2 - 262,08 \text{ m}^2 \cdot \cos(\alpha)$
   $-226,33 \text{ m}^2 = -262,08 \text{ m}^2 \cdot \cos(\alpha)$
   $\cos(\alpha) \approx 0,8636$
   $\alpha = \arccos(0,8636) \approx 30,27°$

J. Felten/P. Felten: Mathematik berufsbezogen 9/10
© Auer Verlag

Lösungen

3. Der Satz des Pythagoras lässt sich nur in rechtwinkligen Dreiecken anwenden. Mit dem Kosinussatz können Gärtner beliebige Dreiecke für ihre Berechnungen verwenden. Die benötigten Informationen sind oft leicht zu bestimmen, was den Kosinussatz sehr praktikabel in der Anwendung macht.

4. Der Kosinussatz eignet sich besonders gut, wenn zwei Seiten und der von diesen Seiten eingeschlossene Winkel in einem Dreieck gegeben sind. Mit diesen Angaben und dem Kosinussatz lässt sich die dritte Seitenlänge berechnen. Dies brauchen Gärtner bei dreieckigen Beeten bzw. Wegstücken.

3.1 Terme verwenden (Elektroniker/-in)   S. 26

1. a) $U = R \cdot I = 2\,\Omega \cdot 6\,A = 12\,V$ b) $U = R \cdot I = 5\,\Omega \cdot 6\,A = 30\,V$

2. a) $P = \dfrac{W}{t} = \dfrac{450\,J}{150\,s} = 3\,W$ b) $P = \dfrac{W}{t} = \dfrac{330\,J}{50\,s} = 6,6\,W$ c) $P = \dfrac{W}{t} = \dfrac{505\,J}{10\,s} = 50,5\,W$

3. a)
$$P = \frac{W}{t} \qquad | P = 5\,W;\, t = 17\,s$$
$$5\,W = \frac{W}{17\,s} \qquad | \cdot 17\,s$$
$$W = 85\,J$$

b)
$$P = \frac{W}{t} \qquad | P = 10\,W;\, t = 0,1\,s$$
$$10\,W = \frac{W}{0,1\,s} \qquad | \cdot 0,1\,s$$
$$W = 1\,J$$

c)
$$P = \frac{W}{t} \qquad | P = 3\,W;\, W = 450\,J$$
$$3\,W = \frac{450\,J}{t} \qquad | \cdot t$$
$$3\,W \cdot t = 450\,J \qquad | : 3\,W$$
$$t = 150\,s$$

4. a) $P = \dfrac{W}{t} = \dfrac{680\,Ws}{17\,s} = 40\,W$ b) $P = \dfrac{W}{t} = \dfrac{750\,Ws}{50\,s} = 15\,W$

c) $P = \dfrac{W}{t} = \dfrac{505\,Ws}{20\,s} = 25,25\,W$

d)
$$P = \frac{W}{t} \qquad | P = 5\,W;\, t = 13\,s$$
$$5\,W = \frac{W}{13\,s} \qquad | \cdot 13\,s$$
$$W = 65\,Ws$$

e)
$$P = \frac{W}{t} \qquad | P = 23\,W;\, t = 0,1\,s$$
$$23\,W = \frac{W}{0,1\,s} \qquad | \cdot 0,1\,s$$
$$W = 230\,Ws$$

f)
$$P = \frac{W}{t} \qquad | P = 9\,W;\, W = 450\,Ws$$
$$9\,W = \frac{450\,Ws}{t} \qquad | \cdot t$$
$$9\,W \cdot t = 450\,Ws \qquad | : (9\,W)$$
$$t = 50\,s$$

5. Formel: $Q = I \cdot t$ Für $I = 9\,A$ und $t = 12\,h$ gilt: $Q = 9\,A \cdot 12\,h = 108\,Ah$

3.2 Einfache quadratische Gleichungen (Berufskraftfahrer/-in)   S. 27

1. Der Bus hat einen Bremsweg von: $80\,m - 25\,m = 55\,m$

2. a) $s = \dfrac{1}{100} \cdot v^2 = \dfrac{1}{100} \cdot 30^2 = 9\ (m)$

   b) $s = \dfrac{1}{100} \cdot v^2 = \dfrac{1}{100} \cdot 65^2 = 42,25\ (m)$

   c) $s = \dfrac{1}{100} \cdot v^2 = \dfrac{1}{100} \cdot 100^2 = 100\ (m)$

3. a) Mit der Gleichung $\left(\dfrac{1}{100} \cdot v^2 = 200 \right)$ berechnet man die Geschwindigkeit v, welche man beim Fahren haben muss, um einen Bremsweg von 200 m zurückzulegen.

   b)
$$\frac{1}{100} \cdot v^2 = 200 \qquad | \cdot 100$$
$$v^2 = 20\,000 \qquad | \sqrt{\ }$$
$$v \approx 141,42\ (km/h)$$

J. Felten/P. Felten: Mathematik berufsbezogen 9/10
© Auer Verlag

Lösungen

c) $v_1 \approx 141{,}42$ (km/h) und $v_2 \approx -141{,}42$ (km/h)

d) Die Lösungen der Gleichung geben eine Geschwindigkeit an. Diese ist hier immer positiv. Negative Zahlen gehören so nicht zur Grundmenge der Gleichung und sind als Lösung nicht zulässig.

4. $\dfrac{1}{100} \cdot v^2 = 1$ $\qquad | \cdot 100$

$\qquad v^2 = 100 \qquad | \sqrt{}$

$\qquad v = 10$ (km/h)

Bei einem Bremsweg von 1 m hat ein Fahrzeug die Geschwindigkeit 10 km/h.

5. Tilda kann aufgrund der Bremsspur die Geschwindigkeit berechnen, die sie höchstens gehabt haben kann.

$\dfrac{1}{100} \cdot v^2 = 45 \qquad | \cdot 100$

$\qquad v^2 = 4\,500 \qquad | \sqrt{}$

$\qquad v \approx 67{,}08$ (km/h)

Tilda war mit einer Geschwindigkeit von ca. 67 km/h unterwegs. Wäre Tilda schneller gefahren als 70 km/h, hätte sie einen längeren Bremsweg benötigt. Sie kann damit der Polizei plausibel machen, dass sie sich an die Geschwindigkeitsbegrenzung gehalten hat.

3.3 Quadratische Gleichungen mit der pq-Formel lösen (Berufskraftfahrer/-in)   S. 28

1. $s_R + s_B = 21\ m + 49\ m = 70\ m$

2. $s_A = s_R + s_B = \dfrac{3}{10} \cdot v + \dfrac{1}{100} \cdot v^2 = \dfrac{1}{100} \cdot v^2 + \dfrac{3}{10} \cdot v = \dfrac{1}{10} v \left(\dfrac{1}{10} v + 3 \right)$

3. für 50 km/h: $s_A = \dfrac{1}{100} \cdot 50^2 + \dfrac{3}{10} \cdot 50 = 25\ m + 15\ m = 40\ m$

   für 100 km/h: $s_A = \dfrac{1}{100} \cdot 100^2 + \dfrac{3}{10} \cdot 100 = 100\ m + 30\ m = 130\ m$

   für 150 km/h: $s_A = \dfrac{1}{100} \cdot 150^2 + \dfrac{3}{10} \cdot 150 = 225\ m + 45\ m = 270\ m$

4. a) $v_1 \approx -15 + 101{,}12 = 86{,}12$ einsetzen: $\dfrac{1}{100} \cdot 86{,}12^2 + \dfrac{3}{10} \cdot 86{,}12 \approx 100$ (km/h)

   $v_2 \approx -15 - 101{,}12 = -116{,}12$ einsetzen: $\dfrac{1}{100} \cdot (-116{,}12)^2 + \dfrac{3}{10} \cdot (-116{,}12) \approx 100$ (km/h)

   b) Ole hat berechnet, bei welcher Geschwindigkeit er einen Anhalteweg von 100 m hat. Sein Ergebnis $v_1 \approx 86{,}12$ km/h ist dafür das richtige. v_2 gehört nicht zur Grundmenge der Gleichung, da es (hier) keine negativen Geschwindigkeiten gibt.

5. $\dfrac{1}{100} v^2 + \dfrac{3}{10} v \qquad\qquad = 200 \qquad | -200$

   $\dfrac{1}{100} v^2 + \dfrac{3}{10} v - 200 \quad = 0 \qquad\quad | \cdot 100$

   $v^2 + 30\,v - 20\,000 = 0 \qquad\quad v_{1/2} = -\dfrac{30}{2} \pm \sqrt{(15)^2 + 20\,000} \approx -15 \pm 142{,}21$

   $v_1 \approx 127{,}21$ (km/h)

   Bei einer Geschwindigkeit von etwa 127 km/h hat man einen Anhalteweg von 200 m. Vermutlich war er zu schnell unterwegs.

3.4 Exponentialgleichungen lösen (Biologielaborant/-in)   S. 29

1. a) $b = 250 \cdot 1{,}2^0 = 250$ (Bakterien)

   b) nach 2 Stunden: $b = 250 \cdot 1{,}2^2 = 360$ (Bakterien)

   nach 5 Stunden: $b = 250 \cdot 1{,}2^5 \approx 622$ (Bakterien)

   nach 10 Stunden: $b = 250 \cdot 1{,}2^{10} \approx 1\,548$ (Bakterien)

   c) $250 \cdot 1{,}2^t = 1\,000\,000 \qquad\qquad | : 250$

   $\qquad 1{,}2^t = 4\,000 \qquad\qquad\qquad | \log_{1{,}2}(.)$

   $\qquad t = \log_{1{,}2}(4\,000) \approx 45{,}5$

   Nach 45,5 Tagen haben sich die Bakterien auf etwa 1 Million vermehrt.

J. Felten/P. Felten: Mathematik berufsbezogen 9/10 © Auer Verlag

2. a) Nach 1 Stunde sind $3\,100 \cdot 2 = 6\,200$ Bakterien vorhanden.
Nach 2 Stunden sind $6\,200 \cdot 2 = 12\,400$ Bakterien vorhanden.
Nach 3 Stunden sind $12\,400 \cdot 2 = 24\,800$ Bakterien vorhanden.
Nach 5 Stunden sind $24\,800 \cdot 2^2 = 3\,100 \cdot 2^5 = 99\,200$ Bakterien vorhanden.

b) $b = 3\,100 \cdot 2^t$, t in Stunden

c) $3\,100 \cdot 2^t = 10\,000\,000$ $\qquad | : 3\,100$
$\qquad 2^t \approx 3\,225,81$ $\qquad | \log_2 (.)$
$\qquad\quad t = \log_2 (3\,225,81) \approx 11,66$

Nach 11,66 Stunden sind $10\,000\,000$ Bakterien vorhanden.

3. a) Anzahl Bakterien nach 2 Tagen: $250 \cdot 1,2^{48} \approx 1\,579\,937$
Da sich die Bakterien nach Zugabe des Antibiotikums stündlich halbieren, ist der Zerfallsfaktor 0,5.
Gleichung für den Zerfall: $b = 1\,579\,937 \cdot 0,5^t$, t in Stunden.

b) Es gilt: $1\,579\,937 \cdot 0,5^t = 250$ $\qquad | : 1\,579\,937$
$\qquad\qquad\quad 0,5^t \approx 0,000\,158$ $\qquad | \log_{0,5} (.)$
$\qquad\qquad\qquad t = \log_{0,5} (0,000\,158) \approx 12,63$

Nach etwas mehr als 12 Stunden bzw. nach ½ Tag sind nur noch 250 der Bakterien vorhanden.

4. Die Zahl 32 000 gibt an, wie viele Lebewesen zu einem bestimmten Zeitpunkt in der Kolonie lebten. Der Faktor 2^m gibt an, dass sich diese Anzahl in regelmäßigen Abständen verdoppelt. Da für die Variable der Zeit ein „m" verwendet wurde, kann man davon ausgehen, dass sich die Koloniegröße jeden Monat verdoppelt.

3.5 Exponentialgleichungen bei Zinsen (Bankkaufmann/-frau) S. 30

1. a) Vor Erhalt der Zinsen hatte der Kunde 20 000 Euro auf seinem Konto. Der Zinssatz beträgt 1,8 %. Die Zinsen betragen 360 Euro. Der neue Kontostand beträgt 20 360 Euro.

b) Mia hat zunächst die Zinsen berechnet, indem sie das Kapital mit dem Zinssatz multipliziert hat. Dabei hat sie das Prozentzeichen als „geteilt durch 100" in den Zinssatz mit einberechnet. Danach hat sie die Zinsen mit dem Ausgangskapital addiert, um das neue Kapital zu erhalten.

2. a) Kontostand nach 2 Jahren: $K_2 = 20\,360,00\, € \cdot 1,018 = 20\,726,48\, €$
Kontostand nach 3 Jahren: $K_3 = 20\,726,48\, € \cdot 1,018 = 21\,099,56\, €$
Kontostand nach 4 Jahren: $K_4 = 21\,099,56\, € \cdot 1,018 = 21\,479,35\, €$
Kontostand nach 5 Jahren: $K_5 = 21\,479,35\, € \cdot 1,018 = 21\,865,98\, €$

b) $20\,000\, € \cdot 1,018 \cdot 1,018 \cdot 1,018 \cdot 1,018 \cdot 1,018 \approx 21\,865,98\, €$
Man erhält durch diese Rechnung direkt den Kontostand nach 5 Jahren.

c) $20\,000\, € \cdot 1,018^5 \approx 21\,865,98\, €$
Auch durch diese Rechnung erhält man direkt den Kontostand nach 5 Jahren.

3. $250\,000\, € \cdot 1,02^n = 500\,000\, €$ $\qquad | : 250\,000$
$\qquad\quad 1,02^n = 2$ $\qquad | \log_{1,02} (.)$
$\qquad\qquad n = \log_{1,02} (2) \approx 35,003$

Nach 35 Jahren hat sich das Kapital fast verdoppelt, nach 36 Jahren schließlich hat der Kunde $250\,000 \cdot 1,02^{36} \approx 509\,971,84$ Euro auf seinem Konto.

4. Jahreszinsen: $7\,523,12\, € \cdot 0,1 \approx 752,31\, €$
Monatszinsen: $752,31\, € : 12 \approx 62,69\, €$

$7\,523,12 \cdot 1,1^n = 8\,000$ $\quad$ $| : 7\,523,12$		$7\,523,12 \cdot 1,1^n = 10\,000$ $\quad$ $| : 7\,523,12$	
$1,1^n \approx 1,06$ $\quad$ $| \log_{1,1} (.)$		$1,1^n \approx 1,33$ $\quad$ $| \log_{1,1} (.)$	
$n = \log_{1,1} (1,06)$		$n = \log_{1,1} (1,33)$	
$n \approx 0,61$		$n \approx 2,99$	

J. Fetten/P. Fetten: Mathematik berufsbezogen 9/10
© Auer Verlag

Lösungen

mögliche Warnung:

„Lieber Herr Müller, ich muss Sie bezüglich ihrer Kontoführung warnen. Sie zahlen aktuell über 60 Euro Zinsen pro Monat und 750 Euro im Jahr. In 8 Monaten werden ihre Schulden über 8 000 Euro hoch sein, in 3 Jahren werden sie über 10 000 Euro Schulden haben. Ich muss Ihnen dringend empfehlen, Ihren Kontostand so schnell wie möglich auszugleichen. Schließlich wollen Sie doch nicht ständig für Ihr Konto bezahlen müssen, sondern im Gegenteil Zinsen von uns erhalten. Bitte überlegen Sie, was Sie tun können. Für eine Beratung stehe ich Ihnen gerne zur Verfügung."

3.6 Potenzen bei Zahlensystemen (Technische/-r Assistent/-in – Elektronik und Datentechnik) S. 31

1. a) $2 \cdot 10^2 + 3 \cdot 10^1 + 1 \cdot 10^0 = 200 + 30 + 1 = 231$

b) $1\,001_2 = 1 \cdot 2^3 + 0 \cdot 2^2 + 0 \cdot 2^1 + 1 \cdot 2^0 = 8 + 0 + 0 + 1 = 9$

c) $1\,111_2 = 1 \cdot 2^3 + 1 \cdot 2^2 + 1 \cdot 2^1 + 1 \cdot 2^0 = 8 + 4 + 2 + 1 = 15$
$100\,000_2 = 1 \cdot 2^5 + 0 \cdot (2^4 + 2^3 + 2^2 + 2^1 + 2^0) = 32 + 0 = 32$
$10\,101_2 = 1 \cdot 2^4 + 0 \cdot 2^3 + 1 \cdot 2^2 + 0 \cdot 2^1 + 1 \cdot 2^0 = 16 + 0 + 4 + 0 + 1 = 21$

2. Wähle die größte Zweierpotenz kleiner 260: $2^0 = 1$; $2^1 = 2$; $2^2 = 4$; $2^3 = 8$; $2^4 = 16$; $2^5 = 32$; $2^6 = 64$; $2^7 = 128$; $2^8 = 256 \rightarrow 260 = 256 + 4 = 2^8 + 2^2 = 100\,000\,100_2$

3. erste Reihe: $1 \cdot 2^1 + 0 \cdot 2^0 = 2$
zweite Reihe: $1 \cdot 2^1 + 1 \cdot 2^0 = 3$
dritte Reihe: $1 \cdot 2^0 = 1$
vierte Reihe: $1 \cdot 2^0 = 1$
fünfte Reihe: $1 \cdot 2^2 + 0 \cdot 2^1 + 1 \cdot 2^0 = 5$
sechste Reihe: $0 \cdot 2^0 = 0$

Uhrzeit (Stunden, Minuten, Sekunden): 23:11:50 Uhr

3.7 Wissenschaftliche Schreibweise (Physikalisch-technische/-r Assistent/-in) S. 32

1. $0,03 = 3 \cdot 10^{-2}$
$0,002 = 2 \cdot 10^{-3}$
$0,000\,23 = 2,3 \cdot 10^{-4}$
$0,000\,05 = 5 \cdot 10^{-5}$
$0,000\,004\,32 = 4,32 \cdot 10^{-6}$
$0,000\,000\,02 = 2 \cdot 10^{-8}$

2. a)–d) Wasserstoff (H): $64 \cdot 10^{-12}$ m = 0,000 000 000 064 m = 0,000 000 006 4 cm = 0,064 nm = $6,4 \cdot 10^{-2}$ nm
Lithium (Li): $304 \cdot 10^{-12}$ m = 0,000 000 000 304 m = 0,000 000 030 4 cm = 0,304 nm = $3,04 \cdot 10^{-1}$ nm
Bor (B): $176 \cdot 10^{-12}$ m = 0,000 000 000 176 m = 0,000 000 017 6 cm = 0,176 nm = $1,76 \cdot 10^{-1}$ nm
Stickstoff (N): $140 \cdot 10^{-12}$ m = 0,000 000 000 14 m = 0,000 000 014 cm = 0,14 nm = $1,4 \cdot 10^{-1}$ nm
Helium (He): $56 \cdot 10^{-12}$ m = 0,000 000 000 056 m = 0,000 000 005 6 cm = 0,056 nm = $5,6 \cdot 10^{-2}$ nm
Beryllium (Be): $224 \cdot 10^{-12}$ m = 0,000 000 000 224 m = 0,000 000 022 4 cm = 0,224 nm = $2,24 \cdot 10^{-1}$ nm
Kohlenstoff (C): $154 \cdot 10^{-12}$ m = 0,000 000 000 154 m = 0,000 000 015 4 cm = 0,154 nm = $1,54 \cdot 10^{-1}$ n
Sauerstoff (O): $132 \cdot 10^{-12}$ m = 0,000 000 000 132 m = 0,000 000 013 2 cm = 0,132 nm = $1,32 \cdot 10^{-1}$ n

3. $120 \cdot 64 \cdot 10^{-12}$ m = $7\,680 \cdot 10^{-12}$ m = $7,68 \cdot 10^{-9}$ m = 7,68 nm

4. $3 \cdot 10^6 \cdot 176 \cdot 10^{-12}$ m = $528 \cdot 10^{-6}$ m = $5,28 \cdot 10^{-4}$ m = $5,28 \cdot 10^{-5}$ nm

5. Durchmesser Milchstraße: 950 000 000 000 000 000 km = $9,5 \cdot 10^{17}$ km

Durchmesser Heliumatom: $56 \cdot 10^{-12}$ m = $5,6 \cdot 10^{-11}$ m = $5,6 \cdot 10^{-8}$ km

Anzahl Atome: $\dfrac{9,5 \cdot 10^{17} \text{ km}}{5,6 \cdot 10^{-8} \text{ km}} \approx 1,7 \cdot 10^{25}$ (= 17 000 000 000 000 000 000 000 000)

J. Felten / P. Felten: Mathematik berufsbezogen 9/10
© Auer Verlag

Lösungen

3.8 Bezeichnungen großer Zahlen (IT-System-Kaufmann/-frau) S. 33

1. Ein Smartphone mit 32 000 MB Speicherplatz kann etwa 32 000 000 000 Bytes speichern.

2. 250 MB · 4 = 1 000 MB = 1 GB
Jan sollte dem Kunden also eine Festplatte mit 1 Gigabyte Speicherplatz empfehlen.

3. $\frac{1 \text{ TB}}{50 \text{ MB}} = \frac{1\,000 \text{ GB}}{50 \text{ MB}} = \frac{1\,000\,000 \text{ MB}}{50 \text{ MB}} = 20\,000$

Mit 20 000 x 50-MB-Festplatten kommt man auf eine Speicherkapazität von 1 Terabyte.

4. 3 999 000 000 Bytes = 3 999 000 KB = 3 999 MB ≈ 4 GB
Samira kann ihrem Kunden sagen, dass die Festplattengröße 4 Gigabyte beträgt.

3.9 Lineare Gleichungssysteme (Veranstaltungskaufmann/-frau) S. 34

1. Kosten bei 100 Besuchern: 400 € + 15 € · 100 = 1 900 €
Einnahmen bei 100 Besuchern: 25 € · 100 = 2 500 €

Kosten bei 50 Besuchern: 400 € + 15 € · 50 = 1 150 €
Einnahmen bei 50 Besuchern: 25 € · 50 = 1 250 €

Kosten bei 40 Besuchern: 400 € + 15 € · 40 = 1 000 €
Einnahmen bei 40 Besuchern: 25 € · 40 = 1 000 €

Bei 40 Besuchern sind die Kosten und Einnahmen genau ausgeglichen. Ab 41 Besuchern erzielt Oskar mit der Veranstaltung also einen Gewinn.

2. a) Oskar bezeichnet mit x die Anzahl der Besucher. Die erste Gleichung beschreibt den Gewinn pro Besucher, da er pro Besucher 25 Euro einnimmt. Die zweite Gleichung beschreibt die Kosten der Veranstaltung. Dabei steht die Zahl 400 für die Grundkosten und der Summand 15x für die zusätzlichen Kosten pro Besucher.

b) ① y = 25x

② y = 15x + 400

① = ②: 25x = 15x + 400 | − 15x

        10x = 400 | : 10

          x = 40

x = 40 in ①: y = 25 · 40 = 1 000

Bei x = 40 sind die Kosten ② gleich mit den Einnahmen ①. Die Einnahmen liegen ab x = 41 über den Kosten. Demnach erzielt Oskar ab 41 Besuchern einen Gewinn.

c) Kosten bei 41 Besuchern: 400 € + 15 € · 41 = 1 015 €

Einnahmen bei 41 Besuchern: 25 € · 41 = 1 025 €

Gewinn pro Besucher ab 41 Besucher: 1 025 € − 1 015 € = 10 €

Ab dem 41. Besucher bringt jeder Besuchern 10 Euro Gewinn.

→ 1 000 € : 10 € = 100

Bei 140 Besuchern beträgt der Gewinn also 1 000 Euro.

Lösungen

3. a)

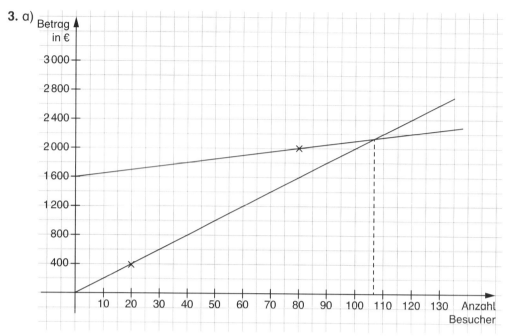

Das Konzert wirft ab ca. 105 Besuchern einen Gewinn ab.

b) x: Besucherzahl, y: Betrag in €

Einnahmen: ① y = 20x

Kosten: ② y = 1 600 + 5x

① = ②: 20x = 1 600 + 5x | − 5x

$\qquad$ 15x = 1 600 | : 15

$\qquad$ x ≈ 106,67

Das Konzert wirft ab 107 Besuchern einen Gewinn ab.

c) Für die rechnerische Methode (Aufgabe 3b)) spricht, dass man durch sie einen genauen Wert erhält. In diesem Fall interessiert aber nicht nur, ab welcher Besucherzahl das Konzert einen Gewinn abwirft, sondern auch, wie sich der Gewinn ab dieser Zahl entwickelt. Dies lässt sich mit der zeichnerischen Methode (Aufgabe 3a)) ablesen, weshalb diese zu bevorzugen ist.

4. x: Anzahl der erwachsenen Besucher, y: Anzahl der Kinder, die die Veranstaltung besuchten

Umsatz der Veranstaltung: ① 12x + 4y = 880

Kosten der Veranstaltung: ② 300 + 2x + y = 460 | − 300

$\qquad$ ① 12x + 4y = 880

$\qquad$ ② 2x + y = 160 | − 2x

$\qquad$ ① 12x + 4y = 880

$\qquad$ ② y = 160 − 2x

② in ① einsetzen: 12x + 4(160 − 2x) = 880

$\qquad$ 12x + 640 − 8x = 880 | − 640

$\qquad$ 4x = 240 | : 4

$\qquad$ x = 60

x = 60 in ① einsetzen: 12 · 60 + 4y = 880

$\qquad$ 720 + 4y = 880 | − 720

$\qquad$ 4y = 160 | : 4

$\qquad$ y = 40

Das Theaterstück wurde von 60 Erwachsenen und 40 Kindern besucht. Es wurden also 100 Karten verkauft.

J. Felten/P. Felten: Mathematik berufsbezogen 9/10
© Auer Verlag

Lösungen

4.1 Zuordnen (Kaufmännische/-r Assistent/-in bzw. Wirtschaftsassistent/-in – Betriebswirtschaft) S. 35

1. a) Saskia ist ledig. Ulf hat 1 Kind. Kinder haben Franz, Julia und Ulf.

b) Franz: $30 \cdot 2,5 + 24 \cdot 12 + 0 + 120 = 75 + 288 + 120 = 483$ (€)
Julia: $35 \cdot 2,5 + 18 \cdot 12 + 80 + 3 \cdot 120 = 87,5 + 216 + 80 + 360 = 743,50$ (€)
Saskia: $2 \cdot 2,5 + 12 + 0 + 0 = 5 + 12 = 17$ (€)
Ulf: $11 \cdot 2,5 + 5 \cdot 12 + 80 + 120 = 27,5 + 60 + 80 + 120 = 287,50$ (€)

c) Bei den Zuordnungen handelt es sich jeweils um Funktionen, da es nur einen zugeordneten Wert gibt. Dies ist für Amir wichtig, weil ihm klar sein muss, dass keinem Mitarbeiter beispielsweise 10 und 11 Jahre Betriebszugehörigkeit zugeordnet sein können. Die Betriebszugehörigkeit für einen Mitarbeiter ist immer eindeutig festgelegt und nur deshalb kann Amir die Zulagen berechnen. Ebenso verhält es sich mit dem Alter, dem Familienstand und der Anzahl der Kinder.

2. Richtige Zuordnung:

Steuerklasse	1	3	4	6
	Boris	Thorsten	Angelika	Vivienne
	Henriette			
	Hubert			

Bei der Zuordnung Steuerklasse → Mitarbeiter handelt es sich nicht um eine Funktion, da mehrere Mitarbeiter der gleichen Steuerklasse zugeordnet werden können (s. Steuerklasse 1).

4.2 Funktionen allgemein (Kaufmännische/-r Assistent/-in bzw. Wirtschafts-assistent/-in – Datenverarbeitung/Rechnungswesen) S. 36

1. a) Im Jahr 1933 war der Gewinn am höchsten, da für x = 33 der Funktionsgraph den höchsten Punkt in der Kurve aufweist. Zwar ist der Graph ab x = 133 noch höher, dies betrifft aber das Jahr 2033 und stellt somit eine Prognose dar.

b) Im Jahr 2000 hatte das Unternehmen denselben Gewinn wie im Gründungsjahr 1900. Die Funktionswerte sind niemals geringer als in diesen beiden Jahren.

c) Der Gewinn im Jahr 2018 betrug etwa 17 500 Euro.

d) Wertetabelle:

Jahr	1900	1910	1920	1930	1940	1950
x	0	10	20	30	40	50
y (ca.)	10 000	27 000	36 000	39 000	38 000	35 000

Jahr	1960	1970	1980	1990	2000	2010	2018
x	60	70	80	90	100	110	118
y (ca.)	29 000	22 500	17 000	12 500	10 000	13 000	17 500

e) mögliche Lösung: Zwar ist die Prognose eine mathematisch sinnvolle Fortsetzung des Funktionsgraphen, doch deckt sich der rasante Gewinnanstieg nicht mit den Erfahrungen der letzten 118 Jahre. Die vorangehende Gewinnsteigerung lässt einen weiteren Anstieg erwarten, doch wird dieser vermutlich wie einst in den 1930er-Jahren wieder abflachen. Entweder steigt der Gewinn dann nur noch langsam an oder er pendelt sich bei einem Wert ein, ohne weiter zu wachsen.

Lösungen

2. Wertetabelle:

x (1 ≙ 100 Produkten)	0	2	4	6	8	10	12
y (1 ≙ 1 000 €)	−2,2	1,8	4,2	5	4,2	1,8	−2,2

Graph:

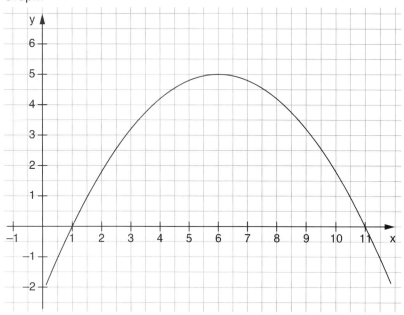

mögliche Empfehlung: Wir sehen hier eine grafische Darstellung des Gewinnes für den Verkauf unserer Produkte. Zum einen machen wir keinen Verlust mehr, wenn wenigstens 100 Produkte verkauft werden. Der Gewinn wird mit wachsender Stückzahl höher, wobei wir den maximalen Gewinn bei 600 verkauften Stücken erzielen. Der Gewinn beträgt dann 5 000 Euro. Bei weiter steigender Stückzahl fällt der Gewinn wieder ab, da wir davon ausgehen, dass dann nicht alle Produkte verkauft werden. Daher empfehle ich, die Produktion auf 600 Stück zu beschränken.

4.3 Lineare Funktionen (Medizinisch-technische/-r Laboratoriumsassistent/-in) S. 37

1. a) Graph:

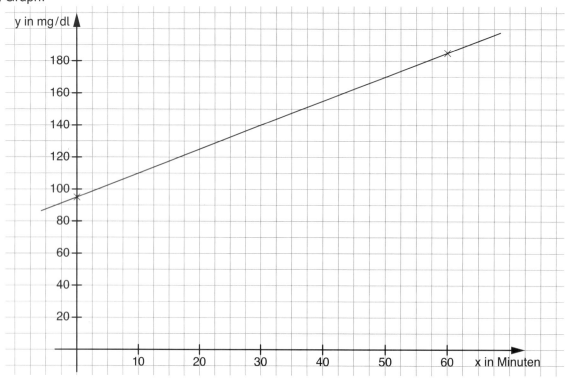

J. Felten/P. Felten: Mathematik berufsbezogen 9/10

Lösungen

b) Die Steigung des Graphen beträgt m = 1,5.   rechnerische Lösung: $m = \frac{185 - 95}{60 - 0} = \frac{90}{60} = 1,5$.

m zeigt die Steigung pro Minute. Für die Steigung erhält man den Wert 90 mg/dl pro Stunde.

c) y = 1,5x + 95, x in Minuten, bzw. y = 90x + 95, x in Stunden

d) nach 15 Minuten: y = 1,5 · 15 + 95 = 117,5 (mg/dl) nach 60 Minuten: y = 1,5 · 60 + 95 = 185 (mg/dl)
nach 30 Minuten: y = 1,5 · 30 + 95 = 140 (mg/dl)   nach 90 Minuten: y = 1,5 · 90 + 95 = 230 (mg/dl)

e) Der aufgestellten Funktion nach müsste der Blutzuckerspiegel nach 2 Stunden y = 1,5 · 120 + 95 = 275 mg/dl betragen. Da er aber tatsächlich 120 mg/dl beträgt, kann man nicht von einem linearen Wachstum ausgehen. Der Blutzuckerspiegel ist offensichtlich wieder zurückgegangen. Es ist aber nicht auszuschließen, dass der Blutzuckerspiegel zunächst linear steigt, bis er irgendwann wieder abfällt.

2. a) Graph:

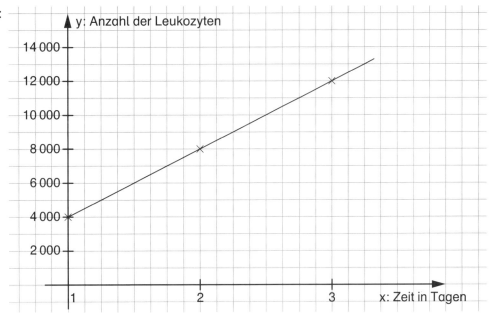

b) Die Anzahl der Leukozyten steigt jeden Tag um denselben Wert. Dies spricht für ein lineares Wachstum, weshalb die Funktion eine lineare Funktion ist.

c) y = mx + b
Es ist m = 4000, da die Anzahl der Leukozyten pro Tag um 4000 Stück pro µl ansteigt.
Weiter ist b = 4000, da zu Beginn 4000 Leukozyten gezählt wurden. Es ist also y = 4000x + 4000.

d) am 7. Tag (x = 6): y = 4000 · 6 + 4000 = 28000
am 10. Tag (x = 9): y = 4000 · 9 + 4000 = 40000
am 14. Tag (x = 13): y = 4000 · 13 + 4000 = 56000

3. a) In Bezug auf die menschliche Lebenserwartung bedeutet lineares Wachstum, dass die Lebenserwartung jedes Jahr um einen bestimmten Wert ansteigt. Menschen würden also von Generation zu Generation immer älter werden und zwar immer um denselben Wert.

b) Steigt die Lebenserwartung linear, so steigt sie von Generation zu Generation um denselben Wert. Umso mehr Generationen man durchläuft, desto höher wird also die Lebenserwartung. Dabei gibt es keine Grenze nach oben, wenn weiterhin neue Generationen auf die Welt kommen.

c) Steigung der Lebenserwartung pro Jahr: $\frac{92 - 61}{165} \approx 0,19$ (zusätzliche Lebenserwartung pro Jahr)
In 1000 Jahren würden Menschen demnach 1000 · 0,19 = 190 Jahre älter werden. Die Lebenserwartung würde dann 190 + 92 = 282 Jahre betragen.

Lösungen

4.4 Quadratische Funktionen (Beton- und Stahlbetonbauer/-in) S. 38

1. Die Straße wird durch die Enden des Tunnels begrenzt, welche durch die Nullstellen bestimmt sind. Diese erhält man durch das Lösen der Gleichung f(x) = 0, durch eine Zeichnung oder durch eine Wertetabelle:

x	0	1	2	3	4
f(x)	0	1,5	2	1,5	0

Es gilt also f(0) = 0 und f(4) = 0. Die Nullstellen sind $x_1 = 0$ und $x_2 = 4$. Damit kann die Straße eine Breite von 4 m haben. Beim Bau ist zu beachten, dass an den Rändern keine Autos fahren können, da dort die Höhe des Tunnels nicht ausreicht.

2. mögliche Lösung: Wegen ① gilt: $f(x) = ax^2 + bx + c$. Der Graph, der den Bogen der Brücke beschreibt, kann beliebig in ein Koordinatensystem eingefügt werden. Setzt man den Scheitelpunkt auf die y-Achse, ist b = 0, und es gilt $f(x) = ax^2 + c$. Durch die Höhe aus ② erhält man c = 3, also gilt $f(x) = ax^2 + 3$. Aus ③ ergibt sich, dass der Punkt P(4|0) auf dem Graphen liegt. Es gilt also 16a + 3 = 0 und demnach $a = -\frac{3}{16}$. Es folgt $f(x) = -\frac{3}{16}x^2 + 3$.

3. a) Wertetabelle (y-Zeile: gerundete Werte, vgl. Graph)

x	0	0,5	1	1,5	2	2,5	3	3,5	4	4,5	5	5,5	6
y	0	0,03	0,06	0,08	0,09	0,1	0,1	0,1	0,09	0,08	0,06	0,03	0

Graph:

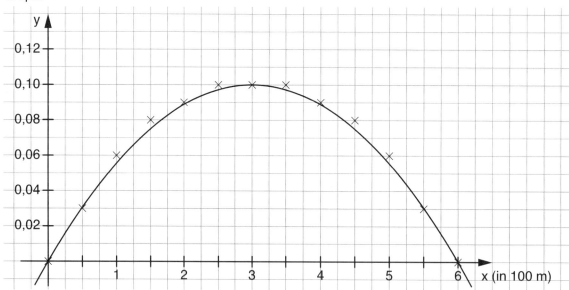

b) bei 50 m: $f(0,5) = -\frac{1}{90}(0,5 - 3)^2 + 0,1 \approx 0,03 = 3$ m

bei 100 m: $f(1) = -\frac{1}{90}(1 - 3)^2 + 0,1 \approx 0,06 = 6$ m

bei 150 m: $f(1,5) = -\frac{1}{90}(1,5 - 3)^2 + 0,1 \approx 0,08 = 8$ m

bei 200 m: $f(2) = -\frac{1}{90}(2 - 3)^2 + 0,1 \approx 0,09 = 9$ m

bei 250 m: $f(2,5) = -\frac{1}{90}(2,5 - 3)^2 + 0,1 \approx 0,1 = 10$ m

bei 300 m: $f(3) = -\frac{1}{90}(3 - 3)^2 + 0,1 = 0,1 = 10$ m

Die Längen nach 350 m, 400 m, 450 m und 550 m sind wegen der Symmetrie der Brücke gegeben:
$f(3,5) \approx 0,1 = 10$ m; $f(4) \approx 0,09 = 9$ m; $f(4,5) \approx 0,08 = 8$ m; $f(5) \approx 0,06 = 6$ m; $f(5,5) \approx 0,03 = 3$ m

J. Felten/P. Felten: Mathematik berufsbezogen 9/10
© Auer Verlag

Lösungen

4.5 Hyperbeln (Elektroniker/-in)

1. a) Bei U = 10 V gilt R = $\frac{10\,V}{I}$. Man erhält damit folgende Wertetabelle:

I (in A)	0,5	1	1,5	2	2,5	3	4	5	10	20
R (in Ω)	20	10	≈ 6,7	5	4	≈ 3,3	2,5	2	1	0,5

Graph:

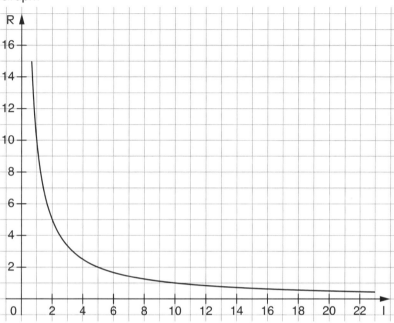

b) Für I = 1 Ampere ist R = 10 Ohm.
Für I = 5 Ampere ist R = 2 Ohm.
Für I = 10 Ampere ist R = 1 Ohm.

2. a) Die Graphen nennt man Hyperbeln.

b) Die Graphen steigen alle stark nach oben, wenn man sich der y-Achse nähert. Für sehr kleine I-Werte hat man also sehr große R-Werte. Wenn die I-Werte steigen, fallen dabei die R-Werte. Die Graphen fallen also kontinuierlich ab. Zunächst fallen sie sehr schnell, mit wachsenden I-Werten fallen sie jedoch immer langsamer.

c) Den Graphen kann man für eine gegebene Stromstärke den entsprechenden Widerstand ablesen. Für verschiedene Spannungen U benötigt man verschiedene Graphen. In der gegebenen Netztafel sind die Graphen für die Spannungen 10 V, 20 V, 30 V und 40 V angegeben. Umgekehrt kann man den Graphen auch ablesen, welche Stromstärke man bei einem gegebenen Widerstand hat.

d) R = 4 Ω

e) I = 1,5 A

4.6 Periodische Vorgänge (Medizinisch-technische/-r Assistent/-in für Funktionsdiagnostik)

1. a) Der Graph ist periodisch, da sich der Verlauf stets in einem bestimmten Abstand wiederholt.

b) Ein periodischer Vorgang ist ein Vorgang, der sich nach einer bestimmten Zeitspanne stets wiederholt und dann genau so verläuft wie zuvor.

c) Würde Mara feststellen, dass das EKG keinen periodischen Graphen zeigt, würde das bedeuten, dass die Herzschläge nicht gleich ablaufen. So kann sie Auffälligkeiten im EKG feststellen.

2. Graph ③ zeigt den höchsten Ton. Graph ② zeigt den mittleren Ton. Graph ① zeigt den tiefsten Ton.

Lösungen

1. a) Herzschläge von Mäusen: 600 Schläge/Minute = 10 Schlägen/Sekunde. Zwischen 2 Herzschlägen liegen also 0,1 Sekunden.

b) Die Periodenlänge beträgt 0,1 Sekunden.

c)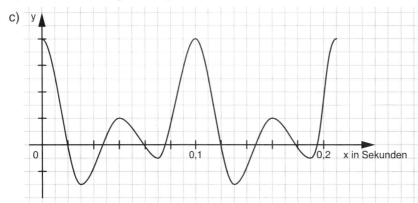

d) 500 Schläge/Minute entsprechen ca. 8 Schläge/Sekunde. Die Periodenlänge ist demnach 0,125 Sekunden.

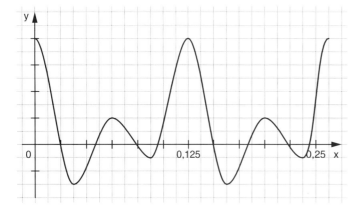

2. a) beginnend mit dem tiefsten Ton: ① $3\sin(2x - 1)$

     ③ $0{,}2\sin\left(3\left(x - \frac{\pi}{8}\right)\right)$

     ④ $\sin(4x)$

     ② $5\sin(10x)$

b) beginnend mit dem leisesten Ton: ③ $0{,}2\sin\left(3\left(x - \frac{\pi}{8}\right)\right)$

     ④ $\sin(4x)$

     ① $3\sin(2x - 1)$

     ② $5\sin(10x)$

J. Felten/P. Felten: Mathematik berufsbezogen 9/10

c)

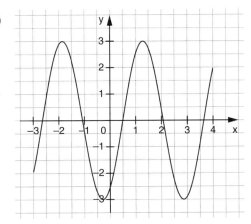

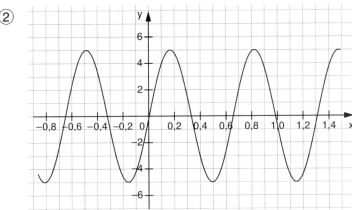

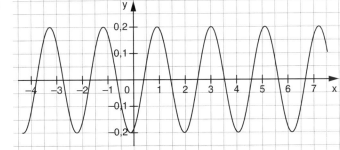

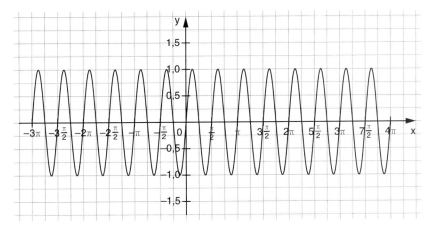

3. a) Der Graph vor der Verabreichung hat eine Periodenlänge von ca. 0,175. Der Graph nach der Verabreichung hat eine Periodenlänge von ca. 0,21. Das heißt, dass das Herz der Ratte vor der Verabreichung alle 0,175 Sekunden schlägt, nach der Verabreichung schlägt es nur noch alle 0,21 Sekunden.

Lösungen

b) vor der Verabreichung: $60 : 0,175 \approx 343$ (Herzschläge)
   nach der Verabreichung: $60 : 0,21 \approx 286$ (Herzschläge)

c) Durch die Verabreichung des Medikamentes verringert sich die Frequenz der Herzschläge bei der Ratte. Vor Verabreichung des Medikamentes schlug das Herz der Ratte schneller, es waren also mehr Herzschläge pro Minute.

4.8 Exponentialfunktionen im Labor (Biologielaborant/-in) S. 42

1. a) Zu Untersuchungsbeginn waren 250 Bakterien vorhanden.

b) Nach 2 Stunden waren etwa 360 Bakterien vorhanden, nach 5 Stunden waren es etwa 620 Bakterien und nach 10 Stunden ca. 1 550.

c) Die Bakterienkultur hat sich nach etwa 14 Stunden auf 3 250 vergrößert.

d) Wegen $f(0) = 250$ ist $f(x) = 250 \cdot a^x$. Außerdem ist $f(2) = 250 \cdot a^2 = 360$, also ist $a^2 = 1,44$ und $a = 1,2$.
   Insgesamt gilt: $f(x) = 250 \cdot 1,2^x$, mit x = Zeit in Stunden

e) $f(48) = 250 \cdot 1,2^{48} \approx 1\,579\,937$
   Nach 2 Tagen sind über 1,5 Millionen Bakterien vorhanden.

2. a) $f(x) = 3\,100 \cdot 2^x$

b) nach 1 Stunde: $f(1) = 3\,100 \cdot 2^1 = 6\,200$ (Bakterien)
   nach 2 Stunde: $f(2) = 3\,100 \cdot 2^2 = 12\,400$ (Bakterien)
   nach 3 Stunde: $f(3) = 3\,100 \cdot 2^3 = 24\,800$ (Bakterien)
   nach 5 Stunde: $f(5) = 3\,100 \cdot 2^5 = 99\,200$ (Bakterien)

c)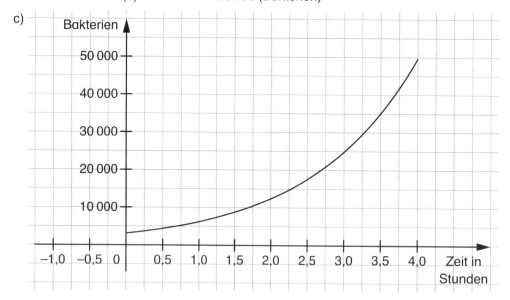

d) Wertetabelle grob:

x	9	10	11	12	13
f(x)	1 587 200	3 174 400	6 348 800	12 697 600	25 395 200

Nach 12 Stunden sind mehr als 10 Millionen Bakterien vorhanden. Um näher an die angepeilten 10 Millionen Bakterien zu gelangen, kann Leon in kleinen Zeiteinheiten ab 11 Stunden vorgehen:

Wertetabelle fein:

x	11	11,25	11,5	11,75	12
f(x)	6 348 800	ca. 7 550 038	ca. 8 978 559	ca. 10 677 366	12 697 600

Nach $11\,\tfrac{3}{4}$ Stunden sind über 10 Millionen Bakterien vorhanden. 1 Stunde später, also nach $12\,\tfrac{3}{4}$ Stunden sind aufgrund der stündlichen Verdopplung über 20 Millionen Bakterien vorhanden.

J. Felten / P. Felten: Mathematik berufsbezogen 9/10
© Auer Verlag

Lösungen

4.9 Exponentialfunktionen bei der Zinsrechnung (Bankkaufmann/-frau)　　　S. 43

1. a) $f(1) = 15\,000 \cdot 1{,}015^1 = 15\,225$ (Euro)

b) Wertetabelle:

x	1	2	3	4	5	6	7	8	9	10
y	15 225	15 453,37	15 685,18	15 920,45	16 159,26	16 401,65	16 647,67	16 897,39	17 150,85	17 408,12

c) Graph:

2. a) K_0 gibt das aktuelle Kapital auf dem Sparbuch an. p% ist der Zinssatz, mit der die Bank das Kapital auf dem Sparbuch verzinst.

b) $K_0 = 3\,000$ und $p\% = 3\% = 0{,}03$. Daraus ergibt sich $K(x) = 3\,000 \cdot 1{,}03^x$.

c) $K(x) = 10\,000 \cdot 1{,}02^x$

Kapital nach 5 Jahren: $K(5) = 10\,000 \cdot 1{,}02^5 \approx 11\,040{,}81$ (Euro)

Kapital nach 10 Jahren: $K(10) = 10\,000 \cdot 1{,}02^{10} \approx 12\,189{,}94$ (Euro)

Kapital nach 20 Jahren: $K(20) = 10\,000 \cdot 1{,}02^{20} \approx 14\,859{,}47$ (Euro)

d) $K(x) = 1\,500 \cdot a^x$. Außerdem ist $K(1) = 1\,500 \cdot a^1 = 1\,515$, also $a = 1{,}01$.
Es gilt also $K(x) = 1\,500 \cdot 1{,}01^x$.

3. $K_A(x) = K_B(x)$

$$3\,100 \cdot 1{,}015^x = 3\,000 \cdot 1{,}022^x \qquad |\ : 1{,}022x;\ : 3\,100$$

$$\frac{1{,}015^x}{1{,}022^x} = \frac{3\,000}{3\,100}$$

$$(0{,}993\,2)^x \approx \frac{30}{31} \qquad\qquad |\ \log_{0{,}993\,2}(.)$$

$$x = \log_{0{,}993\,2}\left(\frac{30}{31}\right) \approx 4{,}81$$

Der Kontostand von Frau Müllers Konto liegt ab dem 5. Jahr über dem von Herrn Stroh.

Lösungen

5.1 Daten und Zufall im Fitnessstudio (Sport- und Fitnesskaufmann/-frau) S. 44

1. a) (8,7 kg + 10,6 kg + 5,3 kg + 16,4 kg + 4,3 kg + 6,8 kg + 11,2 kg) : 7 ≈ 9,04 kg
Durchschnittlich haben die Kunden in den ersten vier Wochen 9 kg abgenommen.

b)

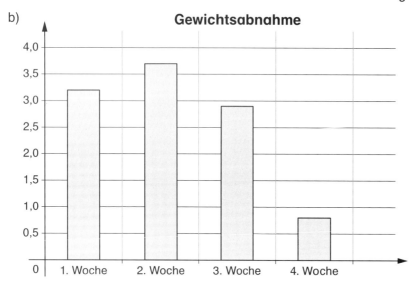

2. möglicher Trainingsplan für Louise Müller: 4 Mal pro Woche 1 Stunde walken (1 392 kcal), danach je
½ Stunde Aerobic (896 kcal). Damit verbrennt sie pro Woche 2 288 kcal.
möglicher Trainingsplan für Tina Döng: 3-mal pro Woche ½ Stunde Joggen (1 200 kcal), 3-mal pro Woche
½ Stunde Inlineskaten (978 kcal). Damit verbrennt sie pro Woche 2 178 kcal.

5.2 Daten und Zufall im Autohaus (Automobilkaufmann/-frau) S. 45

1. a) in der Produktion gestiegen: Geländewagen, Großraum-Vans, Utilities, Sonstige.
in der Produktion gefallen: Mini, Kleinwagen, Kompaktklasse, Mittelklasse, obere Mittelklasse, Ober-
klasse, Sportwagen, Mini-Vans.
→ größte Steigerungen bei Großraum-Vans, Geländewagen und Utilities
→ größte Abnahmen bei Mini-Vans und Sportwagen
Die meisten Fahrzeuge werden auch nach den Änderungen in der Kompaktklasse, der Mittelklasse und
in der Klasse Geländewagen produziert.

b) „Grundsätzlich ist zu sagen, dass in den Jahren 2016/2017 vor allem familienfreundliche Autos in der
Produktion gestiegen sind. Daher habe ich einen Umstieg auf Solche arrangiert. Insbesondere betraf
das Großraum-Vans und Utilities. Neben den Familienfahrzeugen sind zwar auch die Geländewagen
stark in der Produktion gestiegen, doch wollte ich mit einer Spezialisierung auf familienfreundliche
Fahrzeuge eine bestimmte Zielgruppe ansprechen.
Zwar sind Autos der Kompaktklasse und der Mittelklasse in der Produktion gesunken, doch stehen sie
mit rund 1,6 Millionen bzw. 1,2 Millionen produzierten Fahrzeugen im Jahr 2017 immer noch ganz
vorne. Daher und weil auch solche Fahrzeuge teilweise von Familien benutzt werden, habe ich mich
dazu entschieden, auch die Produktion dieser Fahrzeuge fortzuführen."

5.3 Arithmetisches Mittel (Veranstaltungskaufmann/-frau) S. 46

1. a) Veranstaltungskaufleute arbeiten viel mit Durchschnittswerten. Wenn sie zum Beispiel mehrere Veranstaltungen in einem Monat planen, können sie am Monatsende ausrechnen, was der durchschnittliche
Gewinn pro Veranstaltung war. Sie können auch ausrechnen, wie hoch die Kosten pro Besucher
waren. Mit den Durchschnittswerten können sie zukünftig weiterarbeiten, um ähnliche Veranstaltungen
noch genauer planen zu können.

b) $\emptyset = \dfrac{1 \cdot 1 + 1 \cdot 2 + 4 \cdot 3 + 11 \cdot 4 + 1 \cdot 5 + 1 \cdot 6}{19} = \dfrac{70}{19} = 3\dfrac{13}{19} \approx 3,68$
Der Notendurchschnitt liegt bei 3,68.

J. Felten/P. Felten: Mathematik berufsbezogen 9/10

Lösungen

2. a) $\dfrac{586 + 1852 + 752 + 1155}{4} = \dfrac{4345}{4} = 1\,086{,}25$ (Besucher pro Tag) $\approx 1\,086$ (Besucher pro Tag)

Es kamen durchschnittlich 1 086 Besucher pro Tag.

b) Umsatz pro Tag: 859 562,00 € : 4 = 214 890,50 €

Umsatz pro Besucher: 214 890,50 € : 1 086,25 $\approx$ 197,83 €

Der Pro-Kopf-Umsatz beträgt knapp 200 Euro.

c) durchschnittliche Kosten pro Besucher: 368 581,59 € : (586 + 1 852 + 752 + 1 155) =

368 581,59 € : 4 345 $\approx$ 84,83 €

Gewinn pro Besucher: 197,83 € − 84,83 € = 113,00 €

3. a) 25 368,00 € : 3 = 8 456,00 €

Karl hat pro Veranstaltung durchschnittlich 8 456,00 Euro zur Verfügung.

b) verbleibendes Budget: 25 368,00 € − 11 257,58 € = 14 110,42 €

Budget pro Veranstaltung 2 und 3: 14 110,42 € : 2 = 7 055,21 €

Insgesamt hat Karl ein Budget von 14 110,42 Euro für die beiden Veranstaltungen, das sind pro Veranstaltung im Mittel 7 055,21 Euro.

c) Die zweite Veranstaltung kostete 14 110,42 € − 5 265,28 € = 8 845,14 €.

5.4 Laplace-Wahrscheinlichkeiten bei Versicherungen (Kaufmann/-frau für Versicherungen und Finanzen) S. 47

1. a) Die Wahrscheinlichkeit für eine ordnungsgemäße Rückzahlung durch das Ehepaar Meier beträgt bei den gegebenen Daten $\dfrac{18\,268}{27\,596} \approx 0{,}662 = 66{,}2\,\%$.

b) Die Wahrscheinlichkeit für eine ordnungsgemäße Rückzahlung beträgt bei den gegebenen Daten $\dfrac{3\,400}{8\,230} \approx 0{,}4131 = 41{,}31\,\%$.

c) mögliche Lösung: „Die gegebenen Wahrscheinlichkeiten basieren nur auf geringen Informationen über die einzelnen Kunden, die für die Berechnung herangezogen wurden. Wenn man nur die Personengruppe betrachten würde, welche ihre Kredite in der Vergangenheit ordnungsgemäß bezahlt hat, dann würden die Wahrscheinlichkeiten vermutlich wesentlich höher liegen und die Realität in Bezug auf Herrn und Frau Meier, die zudem schon lange zuverlässige Kunden unserer Bank sind, besser beschreiben. Ich empfehle daher, die berechneten Wahrscheinlichkeiten nicht als realitätsnah zu interpretieren und den Kredit trotzdem zu gewähren."

2. a) In den letzten fünf Jahren gab es $0{,}42 \cdot 528 \approx 222$ Blitzschläge in dem Wohngebiet.

b) Pro Jahr gab es durchschnittlich $\dfrac{222}{5} \approx 44$ Blitzschläge in den letzten fünf Jahren.

c) Durch die Blitzableiter reduziert sich die Zahl der Einschläge auf $0{,}18 \cdot 44 \approx 8$ Einschläge pro Jahr.

5.5 Laplace-Wahrscheinlichkeiten bei Veranstaltungen (Veranstaltungskaufmann/-frau) S. 48

1. a) A: Niete, B: Losfeld, C: Sofortgewinn

Wahrscheinlichkeiten: $P(A) = \dfrac{5}{12}$ $\qquad P(B) = \dfrac{3}{12} = \dfrac{1}{4}$ $\qquad P(C) = \dfrac{4}{12} = \dfrac{1}{3}$

b) $\dfrac{5}{12} \cdot 3\,000 = 1\,250$ $\qquad \dfrac{1}{4} \cdot 3\,000 = 750$ $\qquad \dfrac{1}{3} \cdot 3\,000 = 1\,000$

Es ist davon auszugehen, dass etwa 1 250 Besucher eine Niete drehen, ungefähr 750 Besucher ein Los ziehen dürfen und die übrigen 1 000 Besucher einen Sofortgewinn erhalten.

c) Da von den 3 000 Besuchern etwa 750 ein Los ziehen dürfen, gewinnen bei den Losen etwa 750 : 3 = 250 Besucher.

d) mögliche Lösung: Da die berechneten Werte nur Erwartungswerte sind, sollte Leon einen Puffer einplanen und von mehr Sofort- und Losgewinnen ausgehen. Kalkuliert er mit 300 Losgewinnen und 1 200 Sofortgewinnen, sollte er für die Veranstaltung Kosten von $300 \cdot 17{,}86\,€ + 1\,200 \cdot 6{,}35\,€ = 5\,358\,€ + 7\,620\,€ = 12\,978\,€$ kalkulieren.

Kalkuliert er alternativ mit den zu erwartenden Gewinnen, so muss er $250 \cdot 17{,}86\,€ + 1\,000 \cdot 6{,}35\,€ = 4\,465\,€ + 6\,350\,€ = 10\,815\,€$ einplanen.

2. a) Auf den Feldern stehen jeweils vier Mal fünf Euro, zehn Euro und 15 Euro.

b) Die Beträge werden jeweils zu einer Wahrscheinlichkeit von $\frac{4}{12} = \frac{1}{3}$ gedreht.

c) Bei 500 Besuchern kann Leni mit mindestens $500 \cdot 5\,€ = 2\,500\,€$ rechnen.

Zu erwarten ist aber eine Spende von $\frac{1}{3} \cdot 5\,€ + \frac{1}{3} \cdot 10\,€ + \frac{1}{3} \cdot 15\,€ = 10\,€$ pro Besucher. Leni kann also von einem Spendenbetrag von etwa 5 000 Euro ausgehen.

d) Wenn jeder Besucher drei Mal dreht, beträgt der Spendenbetrag mindestens $3 \cdot 500 \cdot 5\,€ = 7\,500\,€$. Zu erwarten ist aber ein Spendenbetrag von $3 \cdot 500 \cdot 10\,€ = 15\,000\,€$.

e) mögliche Lösung: Da jedes Feld die gleiche Eintrittswahrscheinlichkeit besitzt, werden sich die Spendenhöhen ebenfalls einigermaßen gleichmäßig auf die Besucher verteilen. Da Leni schon bei einmaligem Drehen durch jeden Besucher von etwa 5 000 Euro Spenden ausgehen kann, kann sie in diesem Fall fest von 3 000 Euro ausgehen.

f) durchschnittliche Spendenhöhe pro Besucher (bei einmaligem Drehen): 10 €
18 000 € : 10 € = 1 800
Bei 1 800 Besuchern sollte der gewünschte Spendenbetrag erreicht werden. Da es sich aber lediglich um eine Wahrscheinlichkeit handelt, sollte Leni mit mehr Besuchern kalkulieren, um die gewünschte Summe zu erhalten.

5.6 Baumdiagramm (Veranstaltungskaufmann/-frau) S. 49

1. a) J: Die Jugendlichen gewinnen.
E: Die Erwachsenen gewinnen.

1. Spiel   2. Spiel   3. Spiel

b) ① $\frac{1}{3} \cdot \frac{1}{3} \cdot \frac{1}{3} = \frac{1}{27} \approx 0{,}037 = 3{,}7\,\%$

② $\frac{2}{3} \cdot \frac{2}{3} \cdot \frac{2}{3} = \frac{8}{27} \approx 0{,}296\,3 = 29{,}63\,\%$

③ Die Pfade (E,E,J), (E,J,E) und (J,E,E) sind möglich:
$\frac{2}{3} \cdot \frac{2}{3} \cdot \frac{1}{3} + \frac{2}{3} \cdot \frac{1}{3} \cdot \frac{2}{3} + \frac{1}{3} \cdot \frac{2}{3} \cdot \frac{2}{3} = \frac{4}{27} \cdot 3 = \frac{12}{27} \approx 0{,}444 = 44{,}4\,\%$

④ Die Pfade (E,J,J), (J,E,J) und (J,J,E) sind möglich:
$\frac{2}{3} \cdot \frac{1}{3} \cdot \frac{1}{3} + \frac{1}{3} \cdot \frac{2}{3} \cdot \frac{1}{3} + \frac{1}{3} \cdot \frac{1}{3} \cdot \frac{2}{3} = \frac{2}{27} \cdot 3 = \frac{6}{27} \approx 0{,}222 = 22{,}2\,\%$

J. Felten/P. Felten: Mathematik berufsbezogen 9/10 © Auer Verlag

⑤ Die Pfade (J,J,E), (J,E,J), (E,J,J) und (J,J,J) sind möglich:

$$\frac{1}{3} \cdot \frac{1}{3} \cdot \frac{2}{3} + \frac{1}{3} \cdot \frac{2}{3} \cdot \frac{1}{3} + \frac{2}{3} \cdot \frac{1}{3} \cdot \frac{1}{3} + \frac{1}{3} \cdot \frac{1}{3} \cdot \frac{1}{3} = \frac{2}{27} \cdot 3 + \frac{1}{27} = \frac{7}{27} \approx 0{,}2593 = 25{,}93\,\%$$

⑥ Alle Pfade außer (E,E,E) sind möglich:

$$1 - \frac{2}{3} \cdot \frac{2}{3} \cdot \frac{2}{3} = \frac{27}{27} - \frac{8}{27} = \frac{19}{27} \approx 0{,}7037 = 70{,}37\,\%$$

2. a) Zunächst werden die Wahrscheinlichkeiten für die einzelnen Sektoren bestimmt:

Sektor 1: $\frac{130}{360} = \frac{13}{36}$ Sektor 2: $\frac{95}{360} = \frac{19}{72}$ Sektor 3: $\frac{70}{360} = \frac{7}{36}$

Sektor 4: $\frac{60}{360} = \frac{1}{6}$ Sektor 5: $\frac{5}{360} = \frac{1}{72}$

Für ein Auto benötigt man zunächst Sektor 5 und dann zwei Mal Kopf:

P(Gewinn des Autos) = $\frac{1}{72} \cdot \frac{1}{2} \cdot \frac{1}{2} = \frac{1}{288} \approx 0{,}00347 = 0{,}347\,\%$

Die Wahrscheinlichkeit, das Auto zu gewinnen, liegt bei 0,347 %.

b) Keinen Gewinn erhält man bei (Sektor 1, Zahl), (Sektor 3, Zahl), (Sektor 5, Zahl) und (Sektor 5, Kopf, Zahl). Die Wahrscheinlichkeit dafür beträgt:

P(„kein Gewinn") = $\frac{13}{36} \cdot \frac{1}{2} + \frac{7}{36} \cdot \frac{1}{2} + \frac{1}{72} \cdot \frac{1}{2} + \frac{1}{72} \cdot \frac{1}{2} \cdot \frac{1}{2} = \frac{52}{288} + \frac{28}{288} + \frac{2}{288} + \frac{1}{288} = \frac{83}{288} \approx 0{,}29$.

Die Wahrscheinlichkeit, etwas zu gewinnen, beträgt P(Gewinn) = 1 − 0,29 = 0,71 = 71 %.

c) durchschnittliche Gewinne je Sektor:

① $\frac{13}{36} \cdot \frac{1}{2} \cdot 5\,€ = \frac{65}{72} \approx 0{,}90\,€$

② $\frac{19}{72} \cdot \frac{1}{2} \cdot 20\,€ + \frac{19}{72} \cdot \frac{1}{2} \cdot 10\,€ = \frac{380}{144} + \frac{190}{144} = \frac{570}{144} \approx 3{,}96\,€$

③ $\frac{7}{36} \cdot \frac{1}{2} \cdot 60\,€ = \frac{420}{72} \approx 5{,}83\,€$

④ $\frac{1}{6} \cdot \frac{1}{2} \cdot 50\,€ + \frac{1}{6} \cdot \frac{1}{2} \cdot 20\,€ = \frac{50}{12} + \frac{20}{12} = \frac{70}{12} \approx 5{,}83\,€$

⑤ $\frac{1}{72} \cdot \frac{1}{2} \cdot \frac{1}{2} \cdot 21\,000\,€ = \frac{21\,000}{288} \approx 72{,}92\,€$

Der durchschnittliche Gewinn beträgt (0,90 € + 3,96 € + 5,83 € + 5,83 € + 72,92 €) : 5 = 89,44 € : 5 = 17,89 €. Entsprechend ist das Spiel bei einem Einsatz von 17,89 Euro fair.

5.7 Kombinatorik (IT-System-Kaufmann/-frau) S. 50

1. Anzahl an verschiedenen PIN-Nummern: $10^4 = 10\,000$

mögliche Antwort an den Kunden: Es ist sehr unwahrscheinlich, dass eine PIN-Nummer erraten wird. Die zehn verschiedenen Ziffern lassen sich beliebig kombinieren, was zu $10 \times 10 \times 10 \times 10 = 10\,000$ möglichen PIN-Nummern führt. Eine Gefahr besteht nur dann, wenn Sie eine PIN-Nummer auswählen, die Ihnen leicht zugeordnet werden kann, wie Ihr Geburtstag o. Ä.

2. a) $26^8 = 208\,827\,064\,576 \approx 2{,}09 \cdot 10^{11}$

Es gibt 208 827 064 576 mögliche Passwörter.

b) $52^8 = 53\,459\,728\,531\,456 \approx 5{,}3 \cdot 10^{13}$

Es gibt 53 459 728 531 456 mögliche Passwörter.

c) zur Verfügung stehende Zeichen und Ziffern: 26 + 26 + 10 = 62

Passwörter mit 6 Zeichen: 62^6, Passwörter mit 7 Zeichen: 62^7 etc.

Passwörter insgesamt: $62^6 + 62^7 + 62^8 + 62^9 + 62^{10} + 62^{11} + 62^{12} = 3\,279\,156\,381\,452\,671\,945\,408 \approx 3{,}3 \cdot 10^{21}$

Es gibt 3 279 156 381 452 671 945 408 mögliche Passwörter.

3. a) zur Verfügung stehende Zeichen und Ziffern: 26 + 26 + 10 + 14 = 76

mögliche Passwörter: $76^8 + 76^9 + 76^{10} = 6\,514\,592\,610\,973\,974\,528 \approx 6{,}5 \cdot 10^{18}$

Das Probieren aller Passwörter dauert $\frac{76^8 + 76^9 + 76^{10}}{1\,000\,000\,000} \approx 6\,514\,592\,611$ (Sekunden)

Dies sind $(((6\,514\,592\,611 : 60) : 60) : 24) \approx 75\,400$ Tage $\approx 206{,}6$ Jahre

Der Computer braucht 206,6 Jahre, um alle Passwörter auszuprobieren.

Lösungen

b) Die IT-System-Kauffrau kann Ella empfehlen, ihre Passwortlänge zu erhöhen. Außerdem sollte sie keine Namen oder Folgen mit einem Muster in ihrem Passwort verwenden, da diese unter Umständen früher vom Computer ausprobiert werden als zufällige Zeichenfolgen. Vor allem aber sollte sie ihr Passwort regelmäßig ändern. Denn nach einer Passwortänderung müssten wieder alle möglichen Passwörter von vorne ausprobiert werden.

4. a) Es gibt $10^4 = 10\,000$ vierstellige PIN-Nummern.

   b) Es gibt $10 \cdot 9 \cdot 8 \cdot 7 = 5\,040$ vierstellige PIN-Nummern mit verschiedenen Ziffern.

   c) Es gibt 365 mögliche Geburtsdaten / PIN-Nummern.

   d) Es gibt $9 \cdot 8 \cdot 7 = 504$ mögliche PIN-Nummern.

   e) Es gibt zehn Möglichkeiten für die ersten drei Ziffern und zehn Möglichkeiten für die letzte Ziffer, also insgesamt 100 mögliche PIN-Nummern.

   f) Es gibt zehn mögliche PIN-Nummern mit gleichen Ziffern.

5.8 Boxplots (Elektroniker/-in) S. 51

1. a) Juli: 120 kWh < August: 259 kWh < Februar: 290 kWh < Juni: 298 kWh < Mai: 302 kWh < September: 311 kWh < Oktober: 312 kWh < November: 320 kWh < Dezember: 329 kWh < Januar: 350 KWh < April: 388 kWh < März: 390 kWh

   b) Minimum: 120 kWh   unteres Quartil: 294 kWh
      Median: 311,5 kWh   oberes Quartil: 339,5 kWh
      Maximum: 390 kWh   Spannweite: 270 kWh

   c)
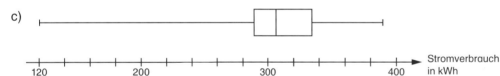

   d) Der Boxplot zeigt verschiedene Streumaße im direkten Vergleich zueinander. So erhält man einen Überblick darüber, wie sehr die Werte verteilt sind.

2. geordnete Werte: 842 kWh, 1 003 kWh, 2 564 kWh, 3 624 kWh, 5 034 kWh
   unteres Quartil: 922,5 kWh; Median: 2 564 kWh; oberes Quartil: 4 329 kWh

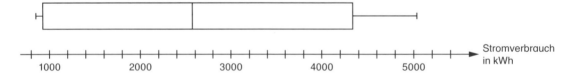

3. Emils Vorgänger hat die Stadt in vier Bezirke eingeteilt.
   Im ersten Bezirk liegt der Stromverbrauch zwischen 500 kWh und 7 600 kWh. Die Hälfte der Haushalte verbraucht zwischen 3 900 kWh und 6 900 kWh. Der Zentralwert beträgt 5 900 kWh.
   Im zweiten Bezirk liegt der Stromverbrauch zwischen 2 600 kWh und 8 700 kWh. Die Hälfte der Haushalte verbraucht zwischen 4 000 kWh und 6 900 kWh. Der Zentralwert beträgt 4 900 kWh.
   Im dritten Bezirk liegt der Stromverbrauch zwischen 0 kWh und 7 700 kWh. Die Hälfte der Haushalte verbraucht zwischen 3 000 kWh und 4 900 kWh. Der Zentralwert beträgt 4 500 kWh.
   Im vierten Bezirk liegt der Stromverbrauch zwischen 1 800 kWh und 9 600 kWh. Die Hälfte der Haushalte verbraucht zwischen 1 900 kWh und 7 800 kWh. Der Zentralwert beträgt 3 000 kWh.

J. Felten / P. Felten: Mathematik berufsbezogen 9/10

Quellenverzeichnis

Bildquellen

S. 5 f. / 22:	Bauzeichner © Indypendenz – Shutterstock.com
S. 7 / 9 f.:	Zimmerleute © Robert Kneschke – stock.adobe.com
S. 8 / 25:	Gärtnerin für Garten- und Landschaftsbau © Production Perig – stock.adobe.com
S. 11:	Erzieherin © lordn – stock.adobe.com
S. 12:	Stanz- und Umformmechaniker / -in © Monkey Business – stock.adobe.com
S. 13:	Fliesenleger © PJchret – stock.adobe.com
S. 14 f.:	Rohrleitungsbauer © forestpath – stock.adobe.com
S. 16:	Tourismuskauffrau © Kzenon – stock.adobe.com
S. 17:	Goldschmied © Ingo Bartussek – stock.adobe.com
S. 18:	Medienassistent © wavebreakmedia – Shutterstock.com
S. 19:	Forstwirtin © Janni – stock.adobe.com
S. 20 f.:	Konstruktionsmechanikerin © industrieblick – stock.adobe.com
S. 23 f.:	Vermessungstechniker © schulzfoto – stock.adobe.com
S. 26 / 39 / 51:	Elektroniker © industrieblick – stock.adobe.com
S. 27 f.:	Lkw-Fahrer © Africa Studio – stock.adobe.com
S. 29 / 41 f.:	Biologielaborant © Gorodenkoff – stock.adobe.com
S. 30 / 43:	Bankkaufmann © goodluz – stock.adobe.com
S. 31:	Technischer Assistent © industrieblick – stock.adobe.com
S. 31:	Binäruhr: eigene Grafik (vom Satzstudio erstellt), Daten nach: Alexander Jones & Eric Pierce – Own work, based on Wapcaplet's Binary clock.png
S. 32:	Physikalisch-technische Assistentin © lightpoet – stock.adobe.com
S. 33 / 50:	IT-System-Kaufmann © Rawpixel.com – stock.adobe.com
S. 34 / 46 / 48 f.:	Veranstaltungskauffrau © Andrey Popov – stock.adobe.com
S. 35 f.:	Büroangestellte © michaeljung – Shutterstock.com
S. 37:	Medizinisch-technische Laboratoriumsassistentin © Dream-Emotion – stock.adobe.com
S. 38:	Beton- und Stahlbetonbauer © ACP prod – stock.adobe.com
S. 40:	Medizinisch-technische Assistentin © ACP prod – stock.adobe.com
S. 44:	Fitnesskauffrau © gpointstudio – stock.adobe.com
S. 44:	Kalorienverbrauch (in kcal) nach 15 Minuten: eigene Grafik (vom Satzstudio erstellt), Daten nach: http://www.dtb-online.de/portal/gymcard/bildung-wissen/gesundheit/vorsorgen-vorbeugen/gewichtsreduktion/abnehmen-mit-bewegung.html
S. 45:	Automobilkaufmann © Nejron Photo – stock.adobe.com
S. 45:	Automobilproduktion in den Jahren 2016 / 2017 – Auszug: eigene Grafik (vom Satzstudio erstellt), Daten nach: https://www.vda.de/de/services/zahlen-und-daten/jahreszahlen/automobilproduktion.html
S. 47:	Versicherungskaufmann © StockPhotoPro – stock.adobe.com